PONS

# Das große Übungsbuch
# **DEUTSCH**

1.–4. Klasse

von
Marc Beck
Anne Scheller



**PONS GmbH**
Stuttgart

**PONS**

**Das große Übungsbuch**
**DEUTSCH**
1. - 4. Klasse

von
Marc Beck
Anne Scheller

Dieser Titel basiert in Teilen auf ISBN: 978-3-12-561641-7, 978-3-12-561642-4, 978-3-12-561647-9, 978-3-12-561648-6

Auflage A1 5 4 3 2 1 / 2014 2013 2012 2011


**PONS Produktinfos und Shop: www.pons.de**
**PONS Sprachenportal: www.pons.eu**
**E-Mail: info@pons.de**


**Redaktion:** Canan Özdamar
**Logoentwurf:** Erwin Poell, Heidelberg
**Logoüberarbeitung:** Sabine Redlin, Ludwigsburg
**Einbandgestaltung:** Daniel Müller, Stuttgart
**Illustrationen Cover und Innenteil:** Vera Brüggemann, Bielefeld
**Layout:** Petra Michel Gestaltung & Typografie, Bamberg
**Satz:** grundmanngestaltung, Karlsruhe
**Druck und Bindung:** Print Consult GmbH, Oettingenstraße 23, München

Printed in Slovak Republic.
**ISBN: 978-3-12-561709-4**

# Liebe Eltern!

Diktate und Aufsätze bilden die zentralen Themen des Deutschunterrichts in der Grundschule. Ihr Kind lernt hier richtig und verständlich zu schreiben und zu formulieren. Und wie fast überall gilt auch hier: Aller Anfang ist schwer – aber kein Grund zur Sorge!
Im ersten Teil des Buches (ab S. 28) finden Sie **Diktate**, die nach Rechtschreibthemen sortiert sind. Im zweiten Teil (ab S. 216) können Sie mithilfe der **Aufsatzübungen** das Schreiben von Texten aller Art trainieren.
Im Inhaltsverzeichnis können Sie gezielt ein Thema aussuchen, das Sie mit Ihrem Kind üben möchten. Die Zahl vor dem Titel gibt an, zu welcher Klassenstufe die Übung gehört.

In den **Regelboxen** können Sie die Regel, die gerade geübt wird, nachlesen.

Die **Tipp-Box** gibt viele weiterführende Ideen zum Üben, Spielen, Malen und Basteln, aber auch Aufmerksamkeits- und Entspannungsübungen. Probieren Sie die Ideen einfach aus. So kann Ihr Kind seiner Fantasie freien Lauf lassen und sich danach auch viel besser konzentrieren.

Gleich auf den nächsten Seiten finden Sie den **Großen Ratgeber für Eltern und Kinder**.
In **Teil 1** erfahren Sie, wie Sie **richtig diktieren** und Ihr Kind Diktate auf spielerische und bewegte Art auch einmal ganz anders üben kann.
In **Teil 2** wird im **Leitfaden für gute Aufsätze** Schritt für Schritt erklärt, wie man Schritt für Schritt an einen Aufsatz herangeht. Schauen Sie sich diese Seiten zusammen mit Ihrem Kind an, bevor es beginnt, einen Text zu schreiben – so können Sie sicher sein, dass kein wichtiger Punkt vergessen wird.

## Und nun – viel Erfolg und vor allem viel Spaß!

# Großer Ratgeber für Eltern und Kinder

## Teil 1: Richtig diktieren wie in der Schule

**Oft** werden Diktate einfach nur vorgelesen. Klar wird das auf die Dauer langweilig. Es gibt aber viele Möglichkeiten, wie man mit Diktaten umgehen kann, sodass sie Spaß machen und man noch so ganz nebenbei topfit in der Rechtschreibung wird. Deshalb haben wir auf den nächsten Seiten Spiel- und Übungsvorschläge für Sie und Ihr Kind zusammengestellt.

Noch mehr weiterführende Ideen finden Sie in den **Tipp-Boxen**, die unter den Diktaten auftauchen. Lesen Sie die Tipp-Boxen immer durch, bevor Sie beginnen den Text zu diktieren. Sie können die jeweiligen Tipps natürlich auch für andere Diktate einsetzen. Manche Tipps kann Ihr Kind alleine umsetzen, für andere braucht es einen Partner. Das können Sie sein oder aber ein Freund oder Geschwister.

Vor jedem Diktat wird eine Rechtschreibregel erläutert, die anschließend im Text behandelt wird. Die zu übenden **Diktatwörter** sind farbig hervorgehoben, sodass sie auf einen Blick erkennbar sind.

Schwierige Wörter und Eigennamen, die Ihr Kind möglicherweise noch nicht kennt, sind **fett** und **schwarz** gedruckt. Diese Wörter sollten Sie daher buchstabieren.

**Bevor** Sie einen ganzen Text in Angriff nehmen, sollten Sie zunächst die **Diktatwörter** mehrmals üben lassen. In den Tipp-Boxen finden Sie viele Ideen, wie Ihr Kind auch einzelne Wörter abwechslungsreich üben kann. Wenn Sie den Text diktieren, ist es wichtig, auf einige Punkte besonders zu achten:

1. Lesen Sie zunächst den kompletten Text vor. So kann Ihr Kind den Sinn des Textes am besten erfassen.
2. Lesen Sie dann den ersten Satz vor.
3. Diktieren Sie dann den Satz langsam und betont, indem Sie ihn nach Sprechtakten und Sinnabschnitten unterteilen. Ein ganzer Satz ist oft zu lang zum Merken.
4. Lesen Sie nun den nächsten Satz am Stück vor und diktieren ihn danach wie unter 3. beschrieben.
5. Nach dem letzten Satz lesen Sie noch einmal den ganzen Text langsam vor. Nun hat Ihr Kind die Möglichkeit, seinen Text zu prüfen und mögliche Lücken zu füllen.
6. Zum Schluss lassen Sie Ihr Kind den Text laut vorlesen. Dadurch hat es die Möglichkeit, noch einmal seinen Text zu kontrollieren und eventuelle Lücken und Fehler zu korrigieren.

Unter jedem Diktat befindet sich eine Angabe über die Anzahl der Wörter und eine Möglichkeit für Sie, festzuhalten, wann das Diktat geübt wurde.

Notieren Sie immer Fehleranzahl und Datum. So behalten Sie den Überblick über den Lernfortschritt Ihres Kindes, wenn Sie das Diktat ein weiteres Mal üben.

**Und nicht vergessen: Loben Sie Ihr Kind!**

# Weitere Tipps

Zusätzlich zu den Tipp-Boxen im Buch können Sie auch mit folgenden Vorschlägen, die sich direkt an ihr Kind richten, das Üben fantasiefördernd und kreativ gestalten.

## Kleider- und Schuhdiktat

Wie der Name schon sagt, brauchst du hierfür Kleider und Schuhe! Zunächst schreibst du 10 Diktatwörter, die du lernen möchtest, auf einzelne Kärtchen. Stecke dann die Kärtchen in die Taschen deiner Kleidung und in deine Schuhe. Gehe nun von deinem Schreibtisch zu deinem Kleiderschrank und hole ein Kärtchen heraus. Schau das Kärtchen genau an und stecke es wieder zurück in die Tasche. Merke dir das Wort, gehe zurück zu deinem Heft und schreibe das Wort auf. Das wiederholst du mit allen Kärtchen. Hole zum Schluss alle Kärtchen wieder heraus und vergleiche sie mit den Wörtern in deinem Heft. Stimmen alle?

## Laufdiktat

Lege den Diktattext an einen entfernten Ort (Fensterbank, Balkon). Gehe zu dem Diktat und lies mehrere Wörter. Merke sie dir gut. Gehe nun zu deinem Heft zurück und schreibe die Wörter aus dem Gedächtnis auf. Das wiederholst du, bis du den ganzen Text in dein Heft übertragen hast. Lies den Text zum Schluss noch einmal durch und korrigiere mögliche Fehler. Vergleiche nun deinen Text mit der Vorlage.

## Stadt-Land-Fluss

... kannst du auch mit Diktatwörtern spielen. Dann heißen die Spalten anders und zwar so: **Nomen, Adjektiv, Verb, andere Wörter**. Und so geht es: dein Partner sagt still für sich das ABC, du rufst irgendwann „Stopp". Dein Partner sagt dir, bei welchem Buchstaben du ihn gestoppt hast. Er zählt nun von 1 – 30. In dieser Zeit solltest du, so schnell wie möglich, für jede Spalte ein Diktatwort aus diesem Buch finden. Wenn dein Partner zu Ende gezählt hat, ruft er „Stopp". Nun wechselt ihr euch ab. Für jedes Wort, das ihr richtig aufgeschrieben habt, gibt es 10 Punkte. Wer die meisten Punkte hat, gewinnt am Schluss.

## Computer-Lernwörter

Habt ihr einen Computer zu Hause? Wunderbar! Starte zuerst das Schreibprogramm. Schlag nun das Buch auf und suche ein Diktat heraus, das du schon bearbeitet hast. Schau dir die Diktatwörter ganz genau an. Klappe nun das Buch zu und schreibe auswendig so viele Wörter wie möglich in dein Schreibprogramm. Sortiere dann deine Wörter nach dem Alphabet. Schlag nun das Diktat wieder auf und kontrolliere, ob du alle Wörter richtig geschrieben hast. Mit jedem Diktat, das du schreibst, kannst du deine Wortliste erweitern. Du kannst sie auch ausdrucken und hast dann eine ganz persönliche Diktatwörter-Liste.

## Wörter würfeln

Dieses Spiel könnt ihr zu zweit oder mehreren spielen. Wirf den Würfel. Die Augenzahl sagt dir, wie viele Silben oder Buchstaben dein Wort haben muss:

- ⚀ Suche ein Diktatwort mit 1 Silbe und schreibe es auf.
- ⚁ Suche ein Diktatwort mit 2 Silben und schreibe es auf.
- ⚂ Suche ein Diktatwort mit 3 Silben und schreibe es auf.
- ⚃ Suche ein Diktatwort mit 4 Silben und schreibe es auf.
- ⚄ Suche ein Diktatwort mit 5 Buchstaben und schreibe es auf.
- ⚅ Mach mal Pause! Du darfst aussetzen.

Wenn du ein Wort gefunden hast, schreibe es auf ein Blatt (vergiss nicht, die Seitenzahl im Buch dazuzuschreiben!). Dann ist der Nächste an der Reihe. Schlagt zum Schluss die Seiten auf, auf denen ihr die Wörter gefunden habt und prüft, ob ihr die Wörter richtig aufgeschrieben habt.

## Diktatwörter stechen

Lege eine alte Zeitung vor dich hin und nimm einen Bleistift in die Hand. Nun schließe die Augen und stich mit dem Bleistift in das Zeitungspapier. Mach die Augen wieder auf und sieh nach, welchen Buchstaben du getroffen hast. Suche nun ein Diktatwort, das diesen Buchstaben enthält, und schreibe es auf. Kontrolliere zum Schluss, ob du es richtig geschrieben hast. Dann geht es auf zum nächsten Wort!

## Schrei- und Brülldiktat

Kaum zu glauben, aber jetzt dürft ihr mal nach Lust und Laune schreien und brüllen. Dein Partner sucht ein Diktat aus und liest es dir Satz für Satz vor. Dabei geht er bei jedem Satz in ein anderes Zimmer und brüllt dir den Satz so laut er kann zu. Merke ihn dir gut, denn nun wiederholst du den Satz. Schrei dabei, so laut du kannst. Schreibe anschließend den Satz in dein Heft – und dann geht's weiter mit dem nächsten Satz. Na, seid ihr schon außer Puste?

## Lernwörter-Kopfstand

Suche 15 Diktatwörter heraus und schreibe sie auf Kärtchen. Stelle sie nun kopfüber auf – am besten auf einem Regalbrett, einer Kommode oder ähnlichem. Nachdem alle Wörter einen „Kopfstand" gemacht haben, gehe so weit zurück, dass du sie gerade noch erkennen kannst. Versuche herauszufinden, wie die Wörter heißen. Schreibe sie dann auf ein Blatt Papier. Anschließend sammelst du die Kärtchen wieder ein und kontrollierst deine Wörter. Wie viele waren richtig? Wenn du fit genug bist, kannst du auch die Kärtchen „richtig herum" aufstellen und selbst einen Kopfstand machen!

## Dosendiktat

Bitte deine Eltern, ein Geschwister oder einen Freund, ein Diktat aus dem Buch für dich auf ein Blatt Papier zu schreiben. Wichtig ist, dass dabei pro Zeile nur ein Satz steht und zwischen den Zeilen genug Platz ist. Fertig? Nun darfst du das Ganze „zerstören". Nimm eine Schere und schneide immer einen Satz aus, bis du das ganze Diktat in Streifen geschnitten hat. Merke dir die Anzahl der Streifen! Wirf nun die Streifen in eine Dose (oder ein Vorratsglas) und schüttle sie gut. Nimm dann einen Streifen aus der Dose. Lies den Satz, merke ihn dir gut und lege ihn dann wieder in die Dose zurück. Schreibe den Satz nun in dein Heft. Das machst du so lange, bis du alle Sätze in dein Heft geschrieben hast. Als besondere Herausforderung kannst du sie jetzt in die richtige Reihenfolge bringen. Vergleiche anschließend dein Diktat mit dem Text im Buch.

# Überblick über die gängigen Grammatikbezeichnungen:

| Lateinische/ griechische Bezeichnung | Deutsche Bezeichnung | Beispiel |
|---|---|---|
| Nomen, Substantiv | Namenwort | das **Auto**, die **Autos** |
| Singular | Einzahl | das Auto |
| Plural | Mehrzahl | die Auto**s** |
| Artikel | Begleiter | **der/ein** Hund, **die/eine** Katze, **das/ein** Pferd |
| Verb | Tu(n)wort, Zeitwort | ich lache, ich lachte, ich habe gelacht, ich werde lachen |
| Infinitv | Grundform des Tu(n)worts | kommen |
| Imperativ | Befehlsform des Tu(n)worts | Komm! |
| Adjektiv | Wiewort, Eigenschaftswort | der **blaue** Himmel |
| Komparation: | Steigerung: | |
| Positiv | Grundform | schön |
| Komparativ | Höherstufe | schön**er** |
| Superlativ | Höchststufe | **am** schön**sten** |
| Präposition | Verhältniswort | **in** der Schule, **auf** dem Dach |
| Konjunktion | Bindewort | Er freut sich, **weil** er Ferien hat. |
| Vokal | Selbstlaut | a, e, i, o, u |
| Konsonant | Mitlaut | b, d, f, g, h |
| – | Umlaut | ä, ö, ö, ü |
| Diphthong | Doppellaut | ai, au, ei, eu, äu |

# Teil 2: Leitfaden für gute Aufsätze

**Das** Schreiben eigener Texte ist ein zentraler Bestandteil des Deutschunterrichts in der Grundschule. Der richtige Umgang mit Texten erfordert die Beachtung einiger Regeln, die allerdings viele Kinder überfordern. Es gibt aber zahlreiche Möglichkeiten, wie man den Umgang mit unterschiedlichen Texten üben kann, sodass sie Spaß machen und Ihr Kind mit Freude an das Verfassen eines Aufsatzes herangeht.

In der Grundschule werden Aufsätze in zwei große Gruppen aufgeteilt: **erzählende Texte** und **informierende Texte**. Für jede Textsorte gelten besondere Regeln und Arbeitstechniken. Die Leitfäden auf den folgenden Seiten zeigen, wie ihr Kind Schritt für Schritt an das Verfassen eines Aufsatzes herangehen kann und somit keine wichtigen Punkte vergisst.

## Das richtige Herangehen an einen Text

Unterschiedliche Textsorten erfordern unterschiedliche Herangehensweisen. Daher finden Sie in diesem Buch eine Vielzahl von Übungen, mit denen Sie die Kompetenzen Ihres Kindes erweitern können. Manche Übungen trainieren den Wortschatz, andere wiederum den Schreibstil oder das Erkennen von Textformen und Textstrukturen.

Lassen Sie Ihr Kind zu Beginn nicht alleine! Grundschüler haben viele Ideen und noch mehr Fantasie, müssen aber erst noch lernen, ihre Gedanken zu ordnen und gezielt zu Papier zu bringen. Helfen Sie Ihrem Kind, strukturiert zu arbeiten. Hat Ihr Kind diese Arbeitsweise erst einmal verinnerlicht, werden ihm Aufsätze mit der Zeit keine Schwierigkeiten mehr bereiten.

## Leitfaden: Erzählende Texte

Es gibt viele Arten von **erzählenden Texten**. Sie können wahr, erfunden oder auch nacherzählt sein.

Bevor ich beginne zu schreiben, überlege ich mir:

### 1. Schritt: Was für eine Geschichte will ich erzählen?

- Ich will eine **wahre** Geschichte erzählen:
  Ich schreibe eine **Erlebnisgeschichte.**
- Ich will eine **erfundene** Geschichte erzählen:
  Ich schreibe eine **Lügengeschichte, Fantasiegeschichte, Geistergeschichte** oder ein **Märchen.**
- Ich will eine Geschichte nacherzählen, die es bereits gibt:
  Ich schreibe eine **Nacherzählung**.

### 2. Schritt: Worum geht es in meinem Text?

- Ich überlege mir ein **Thema** und **sammle Ideen, Wörter** und **Bilder**, die mir zu diesem Thema einfallen.
- Ich überlege mir auch, welche **Informationen** wichtig sind und welche ich weglassen kann.

### 3. Schritt: Was muss ich bei einer Erzählung beachten?

Meine Erzählung hat:

- eine **Überschrift**: Sie macht neugierig, verrät aber nicht zu viel.
- eine **Einleitung**: Hier werden Personen, Ort und Zeit genannt.
- einen **Hauptteil**: Er ist spannend und hier spielt sich die eigentliche Handlung ab.

- einen **Schluss:** Er leitet den Leser aus der Geschichte und bringt sie zum Ende.
- Ich kann meine Geschichte in der **Ich-Form** schreiben, wenn ich sie selbst erlebt habe.
- Ich verwende die **Vergangenheitsform**, wenn ich etwas erzähle, das bereits zurückliegt.
- Ich verwende die **wörtliche Rede**, um meine Geschichte lebendiger zu machen.
- Ich benutze viele **unterschiedliche Verben** und **Adjektive**, um Stimmungen, Gefühle und Gedanken zu beschreiben – so wird mein Text abwechslungsreicher.

## 4. Schritt: Habe ich alles?

- Ich schreibe immer zuerst eine Probefassung!
- Ist mein Text fertig? Dann überprüfe ich noch einmal ganz genau, ob ich alles Wichtige erwähnt habe (Personen, Ort, Zeit, Handlung), ob mein Aufbau stimmt und ob ich auf die Rechtschreibregeln und Satzzeichen geachtet habe.

## 5. Schritt: Nun schreibe ich meinen Aufsatz ins Reine!

## Leitfaden: Informierende Texte

In **informierenden Texten** geht es weniger um die Unterhaltung des Lesers, sondern – wie der Name schon sagt – darum, den Leser zu informieren. Das können Berichte, Anleitungen, Nachrichten oder Beschreibungen sein.

Bevor ich beginne zu schreiben, überlege ich mir:

### 1. Schritt: Was will ich mit meinem Text bewirken?

- Ich will den **Hergang** eines **Unfalls**, eines wichtigen **Ereignisses** oder einer **Reise** schildern: Ich schreibe einen **Bericht**.
- Ich will eine **Person**, ein **Tier** oder einen **Gegenstand** beschreiben: Ich schreibe eine **Beschreibung**.
- Ich will eine andere Person kurz über etwas benachrichtigen: Ich schreibe eine **Nachricht**, eine **Postkarte** oder eine **E-Mail**.
- Ich will einer anderen Person eine ausführliche Information über etwas geben: Ich schreibe einen **Brief**.

### 2. Schritt: Worum geht es in meinem Text?

- Ich überlege mir, worüber ich den Leser informieren möchte.
- Ich überlege mir auch, welche **Informationen** wichtig sind und welche ich weglassen kann.
- Ich notiere alle wichtigen Punkte, damit ich sie später nicht vergesse.

## 3. Schritt: Was muss ich bei meinem Text beachten?

- Ich schreibe **sachlich, kurz** und **genau** und verzichte auf Ausschmückungen, Gefühle und meine persönliche Meinung.
- Ich halte die **richtige Reihenfolge** der Abläufe ein.
- Wenn ich etwas **beschreibe**, dann tue ich das sehr genau, mit **passenden Adjektiven** und **Verben**.
- **Beschreibungen** schreibe ich immer im **Präsens**.
- **Berichte** schreibe ich immer im **Präteritum**.
- Bei **Berichten** achte ich darauf, dass ich die **W-Fragen** (Wer? Was? Wann? Wo? Wie? Welche Folgen?) beantworte.

## 4. Schritt: Habe ich alles?

- Ich schreibe immer zuerst eine Probefassung!
- Ist mein Text fertig? Dann überprüfe ich noch einmal ganz genau, ob ich die richtige Reihenfolge eingehalten und alle wichtigen Merkmale und Abläufe erwähnt habe. Zum Schluss prüfe ich die Rechtschreibung und die Zeichensetzung.

## 5. Schritt: Nun schreibe ich meinen Text ins Reine!

Klasse | Seite | bearbeitet

# Diktate

## Großer Ratgeber für Eltern und Kinder



## 1. Kurze Sätze und Texte für die 1. Klasse



## Diktate für die 2. – 4. Klasse

## 2. Groß- und Kleinschreibung

## 3. Laute und Buchstaben

### 3.1 Vokale und Konsonanten

# Inhalt

## 8. Zeichensetzung

## 3. Informierende Texte

# Inhalt

# Diktate

# 1. Kurze Sätze und Texte für die 1. Klasse

**Lautgetreues Schreiben**
Viele deutsche Wörter schreibst du genauso, wie du sie sprichst. Hör genau zu und sprich die Wörter beim Schreiben laut und deutlich mit.

## Tina und Lina

Tina mag Mama, Opa,
Tante Ina, den Hund, Bananen,
Kekse, Tomaten, Salat.

Lina mag Papa, Papas Auto, Oma,
Hase Mimi und den Esel.

Das tun Tina und Lina:
Blumen malen, baden, lesen, reden,
toben, schlafen, basteln.

**Häufige Wörter**
Einige **Wörter** kommen ziemlich **oft** vor. Übe sie immer wieder und merke dir ihre Schreibweise gut.

## Spiel mit Wörtern

**Jetzt** bin **ich da**, **das** freut **dich** bestimmt.

**Vielleicht** sagst **du Ja**,

**aber wehe du** sagst **Nein**.

**Wenn es besser für dich** ist,

**dann** bleibe **ich gerne hier**.

**Und wie schön die Sonne** scheint

**oder** stehst **du lieber im Regen allein**?

## Der Fragengeist überlegt

**Ja oder nein**?

**Und wenn, dann wie**?

**Aber besser jetzt**?

**Oder vielleicht nie**?

**Lieber nach da**?

**Doch auch von hier**?

**Das** sind viele Fragen.

**Die** Antworten such' **ich** mir.

**Sprechsilben erkennen**
Alle Wörter bestehen aus einer oder mehreren **Silben**. Lies die Wörter zuerst laut und klatsche bei jeder Silbe in die Hände. Setze dann die Silbenbögen. Schreibe nun die Wörter ab und sprich dabei das Wort beim Schreiben laut mit.
Beispiel: Meer - jung - frau → Das Wort hat also 3 Silben.

## Das brauchst du zum Basteln

Schreibtisch Schere Wasserfarben

Kleber Goldpapier Pinsel

**Sprechsilben helfen beim richtigen Schreiben**
Beim Klatschen kannst du **schwierige Buchstabenverbindungen** hören, die dir sonst nicht auffallen. Sprich **Hammer** einmal ohne und einmal mit Klatschen. Hörst du den Unterschied? **Hammer** – **Ham-mer**! So merkst du, dass du **mm** schreiben musst.

## Ins Wasser gefallen

Wetter Donner Wasser
Bälle Nässe klemmen

**Reime klingen gleich**
Wörter, die am Ende **gleich klingen**, nennt man Reimwörter. Sie sind praktisch, weil sie am Ende meistens **gleich geschrieben** werden.
Lies die Wörter laut. Übermale die Wortenden, die sich reimen in der gleichen Farbe. Findest du noch mehr Reime?

## Tierischer Reim

Der Hund hat einen großen Mund.

Er ist gesund und kugel_________.

## Zahlenreim

Eins, zwei, drei – ich habe heute frei.

Drei, zwei, eins – dieses Buch ist meins.

Fünf, sechs, sieben – ich muss mein Fahrrad schieben.

Acht, neun, zehn – zu Fuß mag ich nicht gehen.

## Ein Reim mit Ritter

„Ist das bitter“,
schreit der Ritter.

Er verzieht den Mund
und sieht dabei aus wie ein _________.

**Schwierige Laute am Wortende**
Am Wortende klingen **b** und **p**, **d** und **t** sowie **g** und **k** ziemlich gleich. Wenn du diese Wörter **verlängerst**, kannst du meistens deutlich hören, um welchen Laut es sich handelt.
Beispiel: Die**b** – Die**b**e, al**t** – äl**t**er, Zu**g** – Zü**g**e. Fallen dir noch mehr schwierige Wörter ein?

## Schau genau hin!

**Sieb** **piep**

**Wald** **halt**

**klug** **Spuk**

**Das „ei“**
In vielen Wörtern erklingt ein Laut, der sich wie **ai** anhört. Man **schreibt** ihn fast immer mit **ei**. Merke dir diese Wörter gut!

## Eine gute Nachricht

Morgen hast du **frei**,

deswegen bist du heute **bei** der **Feier dabei**!

**Der lange i-Laut**
Hörst du einen **langen i-Laut**, musst du häufig **ie** schreiben. Schreibe die Sätze ab und lies die Wörter beim Schreiben laut und deutlich mit. Übermale den langen i-Laut mit deiner Lieblingsfarbe.

## Maxi liebt Tiere

Maxi geht jeden Tag zur **Wiese**
von Bauer Hannes.
**Hier** sind **viele Tiere**.
Manche stehen auf **vier** Beinen.
Andere können **fliegen**.
Maxi kommt **nie** ohne Futter
für ihre **Lieblinge**.

# Diktate für die 2. bis 4. Klasse

## 2. Groß- und Kleinschreibung

**Der Satzanfang**

Das **erste Wort** im Satz wird **großgeschrieben**. Nach einem Punkt, Ausrufezeichen oder Fragezeichen beginnt der nächste Satz mit einem Großbuchstaben.

### 1 Prinzessin Pia will im Bett bleiben

**Prinzessin** Pia ist böse. **Sie** will nicht aufstehen. **Sie** ist noch so furchtbar müde! **Warum** darf sie nicht einfach weiterschlafen? **Da** riecht sie heiße Schokolade. **Lecker**! **Pia** gähnt und springt aus dem Bett.

33 Wörter · diktiert am: ......................

## 2 Torschuss

**Paul** ist Stürmer. **Er** läuft auf den Torwart zu. **Gespannt** verfolgen die Zuschauer das Geschehen. **Wird** er ein Tor machen? **Paul** schießt. **Der** Ball fliegt auf den Torwart zu. **Schnell** reißt dieser die Arme hoch und fängt den Ball. **Jubelnd** feiern ihn die Zuschauer.

43 Wörter · diktiert am: ......................

**Eigennamen und Nomen**

Eigennamen stehen für eine Person oder ein Tier: **Emma**, **Herr Müller** und **Waldi** zum Beispiel. Du schreibst sie **groß**. Auch Nomen, die mit Eigennamen zusammen auftauchen, werden mit einem Großbuchstaben geschrieben: **Tante** Anne, **Oma** Pia.

## 3 Janas tierische Familie

Heute besucht **Jana** ihre **Tante Anna** auf dem Bauernhof. Zuerst geht sie zu den Hasen. Sie heißen **Dicker**, **Wackelohr** und **Max**. Am Hühnerhaus trifft sie **Onkel Fritz**. Er sammelt die Eier von **Lulu** und **Lala** ein. **Oma** und **Opa** sitzen im Garten. Dort bekommt **Jana** Saft und Kuchen.

48 Wörter · diktiert am: ....................

## 4 Der Roboter

**Tim** hat einen Roboter von seinem **Onkel** geschenkt bekommen. **Onkel Kai** ist ein Erfinder. Zusammen mit seiner **Mutter** sucht **Tim** nach einem Namen für den Roboter. Wie soll er heißen? **Tims Vater** hilft ihnen und hat eine Idee. „Nenn ihn doch **Herr Silber**, weil er so silbern glänzt.“

48 Wörter · diktiert am: ..................

**Nomen**

Nomen bezeichnen außer **Personen** (der Lehrer, die Schaffnerin) auch **Dinge** (der Füller, das Fahrrad), **Tiere** (der Hund, die Ziege) und **Pflanzen** (die Blume, der Baum). Nomen werden immer **großgeschrieben**.

## 5 Apfelzwerge

Male ein **Gesicht** auf eine große **Holzperle** und stecke sie auf den **Stiel** eines **Apfels**. Aus **Watte** kannst du **Haare** und **Bart** aufkleben. Stecke zwei **Zahnstocher** in die **Seiten** des **Apfels**. Zwei kleine **Holzperlen**, die du darauf steckst, sind die **Hände**. Fertig ist dein **Apfelzwerg**!

45 Wörter · diktiert am: ......................

Nun bastel dir doch mal selbst einen Apfelzwerg! Was du dafür brauchst, weißt du ja. Sonst kannst du den Text einfach noch einmal lesen.

## 6 Auf der Jagd

Der **Indianer** Flinker Fuchs versteckt sich hinter einem dicken **Baumstamm**. Die **Büffel** grasen ganz in seiner **Nähe**. Leise legt der **Indianer** einen **Pfeil** in den **Bogen**. Da taucht ein **Rudel Wölfe** auf, vor dem die **Büffelherde** flieht. Heute hat der **Indianer** kein **Glück**.

41 Wörter · diktiert am: ......................

Na, bist du auch ein flinker Fuchs? Dieses Diktat kannst du auch als Laufdiktat üben. Wie das geht erfährst du auf S. 6.

**Wochentage und Uhrzeit**

Die sieben **Wochentage** (Montag, Dienstag ...) schreibst du immer **groß**. Auch die „Uhr“ der **Uhrzeit** wird mit einem großen Anfangsbuchstaben geschrieben (Jetzt ist es 9.00 Uhr, bald ist es 10.00 Uhr).

## 7 Hexe Hellas Woche

Hexe Hella erwacht am **Montag** um **6.00 Uhr**. Am **Dienstag** zaubert sie um **7.00 Uhr**. Am **Mittwoch** spielt Hella um **8.00 Uhr** mit ihrem Drachen. Kräuter sammelt die Hexe am **Donnerstag** um **9.00 Uhr**. Von **Freitag** bis **Samstag** fliegt Hella zu ihrer Freundin. Am **Sonntag** schläft die Hexe bis **12.00 Uhr**.

52 Wörter · diktiert am: .....................

## 8 Vorbereitung auf das Endspiel

Am **Samstag** um **15.30 Uhr** steht Florians Mannschaft im Endspiel um einen wichtigen Pokal. Deswegen treffen sich die Spieler am **Montag**, **Mittwoch**, **Donnerstag** und **Freitag** und trainieren von **17.00** bis **19.00 Uhr**. Nur **Dienstag** haben sie frei. Wenn sie gewinnen, gibt es am **Sonntag** ein großes Fest.

45 Wörter · diktiert am: .....................

**Verben**
Verben drücken aus, was jemand oder etwas tut oder was geschieht (Max lacht, Nina rennt, das Auto fährt, es regnet, es schneit). Verben werden **kleingeschrieben**.

## 9 Lilli und Olga tun alles gemeinsam

Lilli und Olga **sind** beste Freundinnen. Sie **spielen** zusammen oder **malen** gemeinsam ein Bild. Sie **gehen** ins Schwimmbad und **verstecken** sich im Wald. Beide **lesen** gerne Bücher und **erfinden** Geschichten. Sie **tragen** die gleichen Pullis und Hosen. Nachts **träumen** Lilli und Olga sogar voneinander.

44 Wörter · diktiert am: ......................

## 10 Kampf um die Schatzinsel

Eine Horde wilder Piraten **ankert** vor der Insel **Kupali**. Auf ihrer Schatzkarte **ist** genau diese Insel **erwähnt**. Plötzlich **nähert** sich ein zweites Schiff. Die Piraten **feuern** mit ihren Kanonen. Mehrere Kanonenkugeln **reißen** große Löcher in das andere Schiff, das nach kurzer Zeit **sinkt**. Nun **gehört** der Schatz den Piraten. Sie **müssen** ihn nur noch **finden**.

54 Wörter · diktiert am: ......................

**Adjektive**

Adjektive beschreiben wie Menschen, Tiere, Pflanzen oder Dinge **aussehen** und welche **Eigenschaften** sie haben (ein frecher Junge, ein bunter Schmetterling, ein alter Baum, ein gelbes Fahrrad). Adjektive schreibt man **klein**.

## 11 Zottel ist der Beste

Franzis Lieblingspferd heißt Zottel. Zottel ist **schön**! Sein Maul ist **weich** und seine Augen **groß** und **dunkel**. Sein Fell ist **braun** und **glatt**. Zottel ist sehr **lieb** zu Franzi. Er bewegt sich **langsam** und **ruhig** und wirft sie nie herunter. Franzi ist **glücklich**, dass sie Zottel reiten darf.

48 Wörter · diktiert am: ....................

## 12 Lanzenstoß

Der **edle** Ritter Rüttelbart hat seine **glänzende** Rüstung angezogen. Gleich geht es los. Während er aufsteigt, wiehert sein **braunes** Pferd. Ein **dünner** Knappe reicht ihm die **lange** Lanze. Rüttelbart streckt sie nach vorn und reitet los. Sein Gegner ist der **gefährliche** Ritter Gnadenlos. Er kommt näher und näher. Rüttelbart trifft ihn an der Schulter und gewinnt das **entscheidende** Duell.

59 Wörter · diktiert am: ......................

**Sätze für das Buch der Rekorde**
Schreibe alle Adjektive aus dem Diktat untereinander auf ein Blatt Papier. Schreibe nun hinter jedes Adjektiv die Steigerungsform. Bilde mit den gesteigerten Adjektiven „Rekord-Sätze", die auch im Buch der Rekorde stehen könnten und schreibe sie auf.
**Beispiel:** lang – länger – am längsten → Onkel Werner hat den längsten Bart der Welt.

**Gedachte Dinge**

Alle Nomen schreibt man **groß**. Manche Nomen beschreiben Dinge, die man anfassen kann. Dagegen beschreiben andere Nomen gedachte Dinge, die wir nur fühlen, denken oder uns vorstellen können (die Freude, die Angst, die Liebe, das Ende).

## 13 Talurische Trollkunde

In den Wäldern von **Talurien** leben zwei Arten von Trollen, Sonnentrolle und Dunkeltrolle. Dunkeltrolle lieben die Finsternis. Sie verbreiten Dunkelheit um sich und atmen **Traurigkeit** aus. Sie lachen böse, sie schreien wild und wecken damit **Angst** und **Schrecken** in den Menschen, die sie hören.

Ganz anders sind die Sonnentrolle. Sie strahlen Helligkeit und **Freude** aus. Wenn du sie erblickst, spürst du **Freude**, **Glück** und **Fröhlichkeit**. Du möchtest die ganze Welt umarmen! Nur die Dunkeltrolle vielleicht ausgenommen ...

76 Wörter · diktiert am: .....................

## 14 Poltern im Schrank

Julian wird von einem **Poltern** aus seinem Schrank geweckt. Neugierig schaltet er das Licht an und steigt aus dem Bett. **Angst** spürt er nicht. Da! Er hört ein leises Rascheln. Julian erreicht den Schrank und öffnet die Tür. In den Regalen herrscht ein riesiges **Durcheinander**, seine Pullover fallen ihm entgegen. Vor **Schreck** springt Julian zurück. Ein pelziger, blauer Kopf schaut zwischen den Hosen hervor. Julian grinst voller **Freude**. Jetzt kann ihm Mama keinen **Ärger** mehr wegen der **Unordnung** machen. Das pelzige Wesen hat daran **Schuld**.

84 Wörter · diktiert am: ......................

**Aus Verben werden Nomen**

Verben schreibst du klein. Aber aufgepasst! Man kann Verben auch als Nomen verwenden und schon müssen sie **großgeschrieben** werden. Sie stehen dann oft nach einem Artikel oder Pronomen (das Laufen, mein Grinsen). Der Artikel kann auch mit einer Präposition verschmolzen sein (beim Essen).

## 15 Divas Tagebuch

„Ich schwimme gerne mit meiner Freundin Mara, aber mit meiner kleinen Schwester Mira macht mir das **Schwimmen** gar keinen Spaß. Ich esse gerne, nur wenn Fisch dabei ist, finde ich das **Essen** blöd. Wer isst schon gerne seine Freunde? Überhaupt nicht gefallen mir das **Schreien** der Haie und das **Heulen** der Seewölfe in der Nacht. Viel schöner klingen das **Singen** der Koralle oder das **Pfeifen** der Seesterne!
Lustig ist es auch, die Menschen beim **Tauchen** zu beobachten. Sie müssen oft auftauchen und Luft holen. Diese Sorgen habe ich nicht, denn ich bin ...

93 Wörter · diktiert am: ..........................

Wenn du die Punkte der Reihe nach verbindest, siehst du Diva.

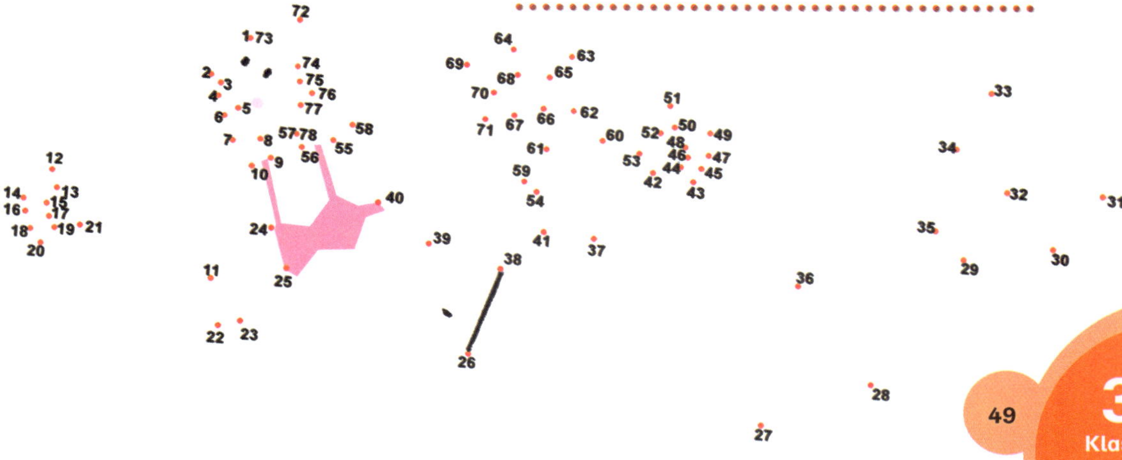

## 16 Mitten im Spiel

Beim **Ausprobieren** seines neuen Computerspiels passiert Oliver etwas Merkwürdiges. Das Bild flackert immer wieder. Ungeduldig haut Oliver auf den Monitor, um das **Flackern** zu beenden. Plötzlich kribbelt seine Hand, das **Kribbeln** erfasst seinen ganzen Körper und im nächsten Moment befindet sich Oliver mitten in dem Computerspiel. Für einen Augenblick findet er die Situation zum **Fürchten**. Doch er hat keine Zeit zum **Nachdenken**, denn er steht auf einmal vor einem Außerirdischen mit drei Köpfen. Das komische Wesen kommt langsam auf ihn zu ...

85 Wörter · diktiert am: ......................

**Fortsetzung folgt!**
Wie geht die Geschichte um Oliver wohl aus? Überlege dir, wie die Geschichte weitergehen könnte und schreibe sie auf ein Blatt Papier. Du kannst auch mit deinen Freunden einen kleinen Schreibwettbewerb veranstalten. Dazu liest du ihnen zuerst das Diktat vor. Nun schreibt jeder von euch seine eigene Fortsetzung. Lest euch nun eure Geschichten vor. Na, welche gefällt euch am besten? Vorher könnt ihr euch noch überlegen, welchen Preis der Sieger bekommt ... Wie wär's mit einer Portion außerirdischem Schleim?

**Tageszeiten**

Tageszeiten wie Morgen, Vormittag, Mittag, Nachmittag, Abend oder Nacht können als Nomen verwendet werden. Sie stehen dann oft nach einem Artikel (der Morgen, am Abend) und werden **großgeschrieben**.

## 17 Der zandinische Zeitwurk

Der Zeitwurk lebt in den Wäldern von **Zandinien**. Er ist ein komisches Tier. Am **Morgen** sieht er aus wie ein Frosch mit Spinnenbeinen. Den **Vormittag** über fliegt der Zeitwurk als Vogel durch die Luft und singt Lieder rückwärts. Am **Mittag** isst er Schokolade mit Senfgurken und Eiern. Der **Nachmittag** ist die Schlafenszeit des Zeitwurks. Am **Abend** wird er zum Jagdhund und erbeutet Apfelsinen. An manchen **Abenden** übt der Zeitwurk auch Kopfrechnen. In der **Nacht** macht er einen Kopfstand und liest dabei Bücher.

82 Wörter · diktiert am: ......................

Wie sieht der Zeitwurk wohl aus? Lies das Diktat nochmal ganz genau und male ihn am Morgen, am Vormittag und am Abend.

Morgen Vormittag Abend

## 18 Eine ungewöhnliche Aufforderung

Sommerferien! Der **Morgen** begann mit einem langen Frühstück. In Jans Detektivbüro, dass sich in einer Ecke seines Zimmers befand, gab es nichts zu tun. So konnte er sich den **Vormittag** Zeit lassen. Doch am **Mittag** brachte der Briefträger die Post und es wurde alles anders. Auf einer rätselhaften Postkarte wurde Jan aufgefordert, gegen **Abend** in den Park zu kommen. Den ganzen **Nachmittag** überlegte er, ob er der Aufforderung folgen sollte. Schließlich machte er sich gegen **Abend** neugierig auf den Weg. Dort stand auf einmal sein Vater und grinste ihn an. Die Überraschung war wirklich gelungen.

95 Wörter · diktiert am: ......................

**Die höfliche Anrede im Brief**
Wenn du einen Brief an einen Erwachsenen schreibst, den du nicht gut kennst, benutzt du die höfliche Anrede **Sie** und die entsprechenden Formen (**Ihr, Ihre, Ihnen** ...). Die höfliche Anrede schreibst du immer **groß**.

## 19 Mia schreibt an Paula Prinza

Liebe Frau Paula Prinza,

ich schreibe **Ihnen**, weil ich **Ihren** neuen Film im Kino gesehen habe. Der war so spannend und so schön! Am tollsten finde ich, wie **Sie** den Prinzen retten.

Solche Kleider wie **Sie** möchte ich auch mal anziehen. Können **Sie** mir eines borgen? Und **Ihre** Frisur! Ich lasse mir jetzt die Haare wachsen, damit sie bald so lang sind wie **Ihre**.

Ich freue mich schon auf **Ihren** nächsten Film!

**Ihre** Mia Müller

75 Wörter · diktiert am: ......................

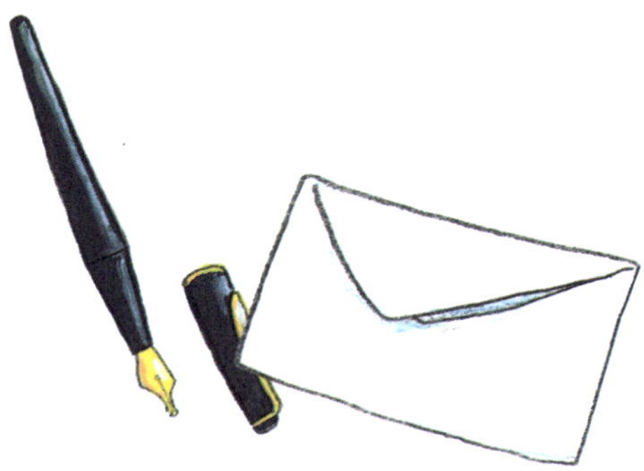

## 20 Bericht vom Autorennen

Lieber Herr Lenz,

ich muss **Ihnen** unbedingt etwas erzählen. Wir waren bei einem Autorennen. **Sie** wissen ja, wie sehr ich Autos liebe. **Ihnen** wäre es zu laut gewesen, aber ich schwärme für quietschende Reifen und aufheulende Motoren. Die Startflagge wurde geschwenkt und alle Zuschauer sprangen begeistert auf. Bestimmt wären **Sie** auch nicht auf **Ihrem** Platz sitzen geblieben. Kurz vor Ende des Rennens gab es einen schlimmen Unfall, da wären **Sie** entsetzt gewesen. Zum Glück hat sich niemand verletzt und raten **Sie** mal, wer am Schluss gewonnen hat: mein Favorit.

Viele Grüße
Matthias

89 Wörter · diktiert am: ......................

**Die vertraute Anrede im Brief**
Kennst du einen Menschen gut, sprichst du ihn im Brief mit **du** und **dein/deine** an. Diese Wörter **musst du nicht groß** schreiben, du **darfst** es aber.

## 21 Turnier auf Hof Birkenfeld

Liebe Sina,

wie geht es **dir/Dir**? Hast **du/Du** immer noch Fieber?

Weißt **du/Du** es schon? Nächsten Monat findet auf dem Reiterhof ein großes Turnier statt! Wir dürfen alle mitmachen. Ich starte auf Polly beim Springreiten. Frau Hippe sagt, **du/Du** sollst in der Dressur antreten. Weißt **du/Du** schon, ob **du/Du** Tommi oder Flecki reiten möchtest?

Das wird klasse! Freust **du/Du dich/Dich** auch so sehr wie ich? Hoffentlich wirst **du/Du** schnell wieder gesund!

Lisa

71 Wörter · diktiert am: ......................

**Und nun du!** Du wolltest doch bestimmt schon lange mal wieder einen Brief schreiben. Einer Freundin in einer anderen Stadt, deinem Opa, einer Tante ... Dir fallen bestimmt viele Menschen ein, die sich über deinen Brief freuen.

## 22 Hallo Thomas!

Hoffentlich mache ich **dir/Dir** keine Angst, wenn ich **dir/Dir** schreibe, dass es bei euch spukt. Als ich in **deinem/Deinem** Bett geschlafen habe, ist eine weiße Gestalt erschienen, die umhergeschlichen ist. Ich bin ihr gefolgt und habe mir euer Schloss angesehen. Überall stehen gruselige Rüstungen. Spielst **du/Du** manchmal damit? Die Gestalt schlüpfte übrigens in das Zimmer **deines/Deines** großen Bruders. Als ich dort nachsah, lag **dein/Dein** Bruder schnarchend im Bett. Die Gestalt war verschwunden. Es war lustig, bei **dir/Dir** zu übernachten.

Schöne Grüße
Jonas

73 Wörter · diktiert am: ......................

**Aus Adjektiven werden Nomen**

Adjektive können auch als Nomen verwendet werden. In diesem Fall schreibt man sie **groß**. Sie stehen dann oft nach einem Artikel (das Schöne), einer Präposition, die mit einem Artikel verschmolzen ist (zum Guten), einer unbestimmten Mengenangabe oder einem Pronomen (dein Bestes).

## 23 Anastasias Spiegel

Prinzessin Anastasia sitzt vor ihrem Spiegel und betrachtet sich von allen Seiten.

„An dir ist wirklich viel **Liebliches**“, sagt der Spiegel! „Das **Schöne** an dir sind deine großen blauen Augen. Auch deine blonden Locken sind etwas sehr **Hübsches**. Deine roten Lippen lächeln so freundlich. Das **Netteste** aber sind deine runden Wangen!“

„Du hast Recht, Spiegel“, antwortet Anastasia begeistert. „An mir ist wirklich nichts **Grässliches**.“ Sie seufzt. „Ach, was für ein Glück für dich, dass du mich jeden Tag bewundern darfst.“ „Ja, aber zum Glück sehe ich nicht jeden Tag deine Füße“, denkt der Spiegel. „Die sind nämlich wirklich riesig!“

99 Wörter · diktiert am: .....................

## 24 Tyrannosaurus rex (T-Rex)

Der **T-Rex** gehört zu den größten Raubtieren, die je auf der Erde gelebt haben. Es gibt viel **Wissenswertes** über diesen Dinosaurier zu erzählen. Stell dir vor, du könntest etwas **Unglaubliches** unternehmen und in die Kreidezeit reisen. Hoffentlich würdest du ihn dann nur von **Weitem** sehen. Heute glauben die Forscher zwar, dass der **T-Rex** nicht sehr schnell laufen konnte, aber willst du wirklich einem Tier begegnen, das gefährlicher als die meisten Tiere unserer Zeit ist? Im Kampf mit einem **T-Rex** würde ein Mensch den **Kürzeren** ziehen, deswegen wäre es klüger, nichts **Dummes** zu tun und wegzulaufen. Besser du unternimmst etwas weniger **Aufregendes** und schaust dir den Dinosaurier im Museum an.

109 Wörter · diktiert am: ......................

**Tageszeiten im Genitiv**
Tageszeiten stehen häufig im Genitiv. In diesem Fall werden sie **großgeschrieben**.

## 25 Der Zauberstab

Eines schönen **Tages** öffnete die Fee Ella ihre magische Truhe und erschrak. Ihr Zauberstab war verschwunden! Auch der Elf Filu vermisste etwas: Er bemerkte eines **Abends**, dass seine Flöte nicht mehr an ihrem Platz lag.

Filu und Ella heckten einen Plan aus. Des **Nachts** legten sie eine goldene Brosche vor Ellas Wohnbaum und sich selbst auf die Lauer. Lange geschah nichts. Doch im Laufe des frühen **Morgens**, als Filu gerade den Tau aus seinen Ohren schüttelte, tauchte die Schuldige auf: Eine diebische Elster! Ella und Filu folgten ihr und entdeckten im Nest des Vogels den Zauberstab, die Flöte und viele andere Dinge, die die Waldbewohner schon lange vermisst hatten.

109 Wörter · diktiert am: ......................

## 26 Fledermauspost

Eines **Abends** erhielt der Zauberlehrer Baldo eine Mitteilung, die ihm von einer Fledermaus gebracht wurde. Die Fledermaus flog in sein Zimmer und gab ihm einen Zettel. Darauf stand nur ein einziger Satz: Eines **Tages** werde ich mich mit einem Warzenfluch rächen.

Baldo überlegte hektisch. Er war ein Morgenmuffel. Bevor er nicht den ersten Wachtrunk getrunken hatte, war er zu seinen Lehrerkollegen oft unhöflich. Hatte er vielleicht **eines Morgens** einen Kollegen schlimm beleidigt? Des **Nachts** lag Zauberer Baldo nun im Bett und konnte nicht schlafen. Hätte er geahnt, dass ihm bloß ein paar Schüler einen Streich spielten, den sie sich eines **Nachmittags** ausgedacht hatten, dann wäre er viel ruhiger gewesen.

110 Wörter · diktiert am: ......................

**Nomen basteln**
Suche 3 einfache Nomen aus dem Diktat heraus.
Versuche nun aus diesen neue **zusammengesetzte Nomen** zu basteln.
**Beispiel:** Fenster → Fensterrahmen, Fenstersims, Dachfenster, ...
Ihr könnt auch zu mehreren spielen, wer findet wohl die meisten Wörter in kürzester Zeit?

**Tageszeiten als Adverbien**

Und jetzt aufgepasst! Tageszeiten können auch als Adverbien verwendet werden. Dann werden sie **kleingeschrieben**. Man erkennt sie daran, dass ihnen ein **-s** angehängt wird (morgens, mittags, abends). Du darfst sie aber nicht mit den Tageszeiten im Genitiv verwechseln, die du auf der vorigen Seite kennengelernt hast.

## 27 Ein Tag auf dem Reiterhof

Marie arbeitet auf dem Reiterhof. Dort gibt es immer viel zu tun.
Marie geht **morgens** in den Stall und füttert die Pferde. Die Boxen der Tiere macht sie **vormittags** sauber. Dann legt Marie den Pferden Sattel und Trense an. Gleich kommen die Reitschüler. Mit ihnen reitet Marie **mittags** in der Reithalle oder im Gelände. Danach ist Marie sehr müde. Trotzdem muss sie **abends** noch einmal Futter verteilen und nachsehen, ob es allen Pferden gut geht. Manchmal arbeitet Marie sogar **nachts**. Doch wenn ein kleines Fohlen auf die Welt kommt, verzichtet Marie sehr gerne auf ihren Schlaf.

96 Wörter · diktiert am: ......................

## 28 Der perfekte Beweis

Wie immer betrat Bankdirektor Knesebeck **morgens** als erste Person die Bank. An diesem Morgen stimmte etwas nicht. Sofort fiel ihm der aufgebrochene Tresor auf. Innerhalb weniger Minuten erschien die alarmierte Polizei. Die Spurensicherung nahm Fingerabdrücke und fand auf dem Geldschrank einen perfekten Abdruck. Mit modernen Computern leiteten sie diesen **vormittags** zur Überprüfung weiter. Es dauerte nur bis **mittags**, dann wusste die Polizei, dass der Abdruck zu einem bekannten Panzerknacker mit dem Spitznamen „Waschbär" gehörte. Ein verdecktes Ermittlerteam beobachtete ihn **nachmittags**. Als er sich mit zwei Leuten traf, schlugen die Polizisten zu. Sie fanden im Auto des „Waschbären" das gestohlene Geld, das sie **abends** zurück in die Bank brachten. Da der Fall aufgeklärt war, konnte der Direktor **nachts** wieder beruhigt schlafen.

122 Wörter · diktiert am: ......................

**Tageszeiten nach Wörtern wie „gestern", „heute" und „morgen"**
Und noch mehr zu den Tageszeiten! Sie werden **großgeschrieben**, wenn sie nach den Wörtern **vorgestern, gestern, heute, morgen** und **übermorgen** stehen (vorgestern Abend, heute Morgen, morgen Nacht).

## 29 Das Schultheater

Finja ist aufgeregt. Letzte Woche hat ihre Lehrerin angekündigt, dass die Klasse 4a ein kleines Theaterstück aufführen soll. Nun wird kräftig geprobt. Vorgestern **Morgen** haben die Kinder die Rollen bekommen. Finja spielt eine Einhornreiterin! Gestern **Nachmittag** hat Finja ihren Text auswendig gelernt. Heute **Vormittag** nähen die Mädchen und Jungen ihre Kostüme. Sie treffen sich noch einmal heute **Nachmittag**, um das Bühnenbild zu malen: den Zauberwald, den Silbersee und den Nebelberg. Bis morgen **Mittag** dauern die Proben in der Schule. Und übermorgen **Abend** findet die Aufführung statt. Alle Eltern werden kommen, um das Theaterstück anzusehen. Toi, toi, toi!

97 Wörter · diktiert am: ......................

## 30 An den Traum erinnert

„Vorgestern **Nacht** hatte ich einen seltsamen Traum“, erzählt der Stürmer Pablo im Fernsehstudio. „Ich schoss den entscheidenden Elfmeter in die linke Ecke und der Torwart hielt ihn. Als wir gestern **Nachmittag** ins Stadion gelaufen sind, habe ich mich daran erinnert. Nach der Verlängerung stand es unentschieden. Beim Elfmeterschießen war ich der letzte Schütze. Ich nahm Anlauf, schoss den Ball nach rechts und der Torwart flog nach links. An die Feier gestern **Abend** werde ich mich ein Leben lang erinnern. Mein Foto in den Zeitungen heute **Morgen** hat mir auch gut gefallen. Und jetzt sitze ich heute **Abend** hier und erzähle Millionen Fernsehzuschauern diese Geschichte. Manchmal sollte man auf seine Träume hören.“

111 Wörter · diktiert am: ......................

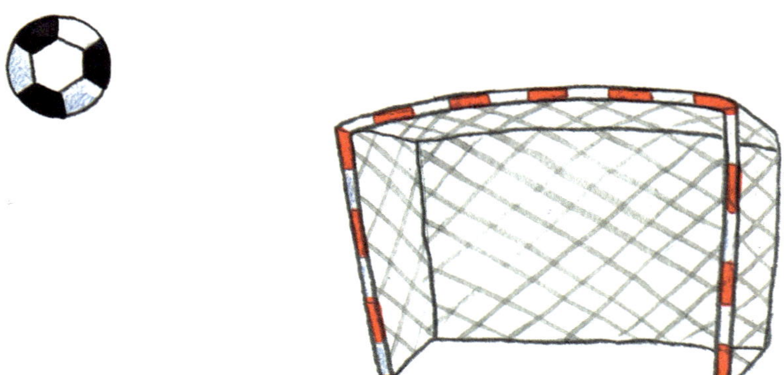

**Ländernamen**

Alle Ländernamen sind Nomen und werden daher **großgeschrieben**. Die meisten Länder stehen ohne Artikel. Nur einige wenige stehen mit einem Artikel (der Sudan, die Türkei, die Dominikanische Republik).

## 31 Felicitas forscht

Ich, die mutige Forscherin Felicitas, berichte hier von meiner großen Forschungsreise um die Welt. Ich startete in **Deutschland** und segelte von dort um **Großbritannien** herum. **Finnland** durchquerte ich zu Fuß und erforschte dabei die forschen Finnen, die dort leben. Mit einem U-Boot durchtauchte ich den Ozean bis **Island**, wo ich Vulkane untersuchte. Ich schaute mir **Grönland** unter Wasser an und erreichte endlich **Kanada**, wo ich den Winter verbrachte. Dort gewann ich ein Schlittenhunderennen. Doch dann wurde es mir zu kalt, also kaufte ich ein Motorrad und fuhr an der Küste **Amerikas** entlang bis ins warme **Kolumbien**. Dort beschloss ich erst einmal einen langen Urlaub zu machen. Vielleicht in **Australien** oder in **Südafrika** oder ...?

113 Wörter · diktiert am: ....................

Wie gut kennst du dich aus? Kannst du alle Flaggen den richtigen Ländern zuordnen? Dann merkst du bestimmt schnell, dass die Flaggen für 4 Länder fehlen. Schau im Lexikon oder im Internet nach oder frage deine Eltern, wie die Flaggen dieser 4 Länder aussehen und male sie in die leeren Felder ein.

## 32 Magische Wesen

In vielen Ländern dieser Erde glauben die Menschen an magische Wesen. In **Neuseeland** gibt es angeblich Feen, die in Bäumen leben und im Nebel erscheinen. In **Russland** kennt man einen alten Mann mit grauem Bart, der sich im Haushalt nachts nützlich macht. Aber nicht alle magischen Wesen führen Gutes im Schilde. In **England** und **Irland** erzählt man sich die Geschichten von Wesen, denen es Spaß macht, nachts Menschen zu erschrecken. In den Bergen der **Schweiz** sollen Zwerge leben, genauso wie in den nördlichen Ländern **Norwegen**, **Schweden** und **Finnland**. Und auch in **Deutschland** gibt es solche Wesen, oder hast du noch nie etwas von einem Kobold mit roten Haaren gehört?

109 Wörter · diktiert am: ......................

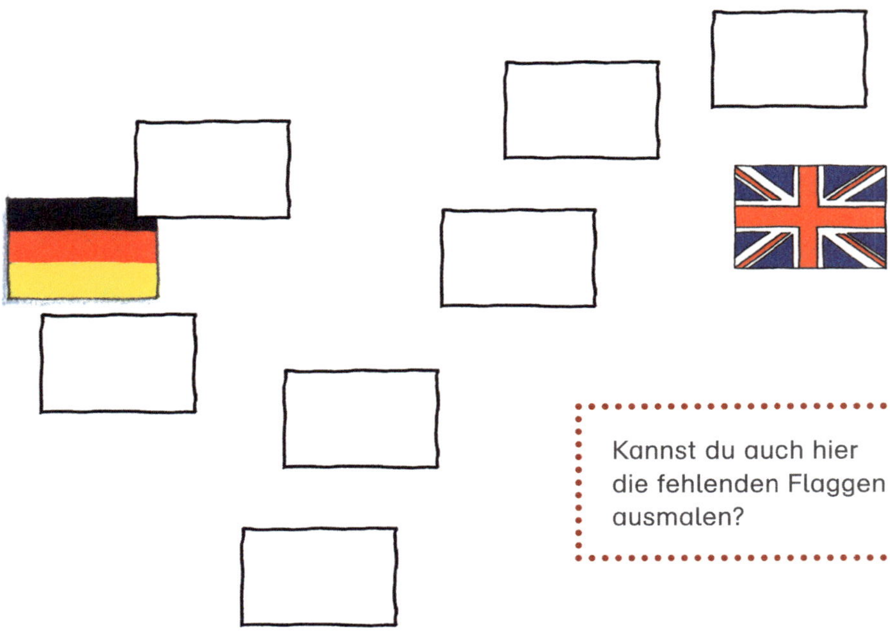

Kannst du auch hier die fehlenden Flaggen ausmalen?

**Geografische Ableitungen auf -er**

Man kann von geografischen Eigennamen (Ulm, Bremen, Linz) Ableitungen auf **-er** bilden (Ulmer Münster, Bremer Stadtmusikanten, Linzer Torte). Ableitungen auf **-er** werden **großgeschrieben**.

## 33 Urlaub zu Hause

Mach doch einmal Urlaub in Deutschland und lerne viele spannende Orte kennen. Im Norden liegt der **Hamburger** Hafen mit riesigen Schiffen und hohen Brücken. In der **Lüneburger** Heide gibt es wollige Heidschnucken zu sehen. Die **Hannoveraner** züchten rassige Pferde.

Die **Berliner** gelten als besonders lustige Menschen, aber auch süße Kuchen heißen in manchen Gegenden **Berliner**! In der Hauptstadt kannst du außerdem durch das berühmte **Brandenburger** Tor spazieren. In der **Kölner** Innenstadt erwartet dich ein süßes Schokoladenmuseum. Lecker sind auch der **Limburger** Käse und die **Nürnberger** Bratwürste.

Ganz weit im Süden, in der **Münchener** Gegend, kann man auf Berge klettern und dort niedliche Murmeltiere pfeifen hören.

105 Wörter · diktiert am: ......................

## 34 Deutschlandreise

Am **Brandenburger Tor** erhielt der Spion Michael M. den entscheidenden Hinweis: Im **Hamburger Hafen** lag das Schiff mit dem gestohlenen Mikrochip. Vom **Berliner Flughafen** aus brachte ein Düsenjet den Spion nach Hamburg. Um Zeit zu sparen, sprang er über dem Hafen mit dem Fallschirm ab, doch das Boot war bereits verschwunden.

Aber zumindest fand er einen Anhaltspunkt, wo die Geldübergabe stattfinden würde: im **Ulmer Münster**, einer großen Kirche in Süddeutschland. Als Mönch getarnt nahm der Spion einen Zug und musste im **Kölner Hauptbahnhof** umsteigen. Weil der Zug Verspätung hatte, verpasste der Spion seinen Anschluss. Die Geldübergabe fand ohne ihn statt. Sein Chef in der **Münchener Geheimdienstzentrale** war darüber nicht erfreut.

110 Wörter · diktiert am: ......................

**Geografische Ableitungen auf -isch**

Man kann von geografischen Eigennamen (Schwaben) auch Ableitungen auf **-isch** bilden (er spricht schwäbisch). In diesem Fall schreibt man sie klein. Wenn die Ableitung allerdings Teil eines Eigennamens ist, schreibt man sie groß (das Schwäbische Meer).

## 35 Frankas Freunde

In Frankas Schule lernen Kinder aus vielen verschiedenen Ländern zusammen. Frankas beste Freundin Ellen kommt aus London und erzählt spannende Geschichten aus ihrer **englischen** Heimat. Außerdem mag Franka Sally, ihre **amerikanische** Freundin. Paul weiß immer lustige **französische** Spiele. Lesedi aus Südafrika kennt viele **afrikanische** Lieder. Von Berna hat Franka einige **türkische** Wörter gelernt. Ruben wurde in Mexiko geboren. Seine Mutter gibt ihm oft leckere **mexikanische** Süßigkeiten mit. Gitas Mama kommt aus Indien. Sie kocht **indisches** Essen für Franka und ihre Freundinnen, das mächtig scharf ist.

Franka findet es manchmal richtig langweilig, dass sie deutsche Eltern hat. Doch für ihre Freunde aus aller Welt ist das ziemlich spannend!

107 Wörter · diktiert am: ......................

## 36 Lufterscheinung

Der **schottische** Offizier **Ian Maxwell** befand sich gerade für die **britische** Luftwaffe auf einem Überwachungsflug. Plötzlich entdeckte er einen Kobold, der ihm vom Rumpf aus zuwinkte und sich auch nicht durch Überschläge abschütteln ließ. Auf einmal stotterte der Motor und das Flugzeug stürzte in Richtung der **irischen** Grenze. Während der Boden immer näher kam, dachte der Pilot an den **französischen** Wein, den er vor dem Abflug getrunken hatte. Kurz vor dem Aufprall sprang der Motor wieder an und er landete sicher auf dem nächsten **nordirischen** Flughafen. Vom Kobold fehlte jede Spur und keiner seiner **englischen** Vorgesetzten glaubte ihm die Geschichte. Vielleicht hätte er lieber keinen **französischen** Wein trinken sollen.

109 Wörter · diktiert am: ......................

**Rücken-Diktat**
Suche ein Diktatwort aus. Dein Partner steht mit dem Rücken zu dir gedreht. Schreibe das Wort Buchstabe für Buchstabe mit dem Finger auf seinen Rücken. Wenn er einen Buchstaben erraten hat, kommt der nächste Buchstabe an die Reihe, bis er das Wort erraten hat. Wechselt euch dann ab. Na, wer von euch kann die Buchstaben schneller fühlen?

# 3. Laute und Buchstaben

## 3.1 Vokale und Konsonanten

**Wörter mit ä**

Die meisten Wörter mit **ä** lassen sich von Wörtern mit **a** ableiten (die K**ä**lte – k**a**lt, z**ä**hlen – die Z**a**hl).

### 37 Die Modenschau

Ein Modefotograf hat Lara eingeladen, um Fotos von ihren **Händen** zu machen. Sie **trägt** einen Ring mit einem Glitzerstein an der rechten Hand. Am Handgelenk soll sie ein Kettchen tragen. An ihren Armen sieht man die **Ärmel** eines hübschen Kleides mit bunten **Bändern**. Das werden lustige Fotos!

47 Wörter · diktiert am: ....................

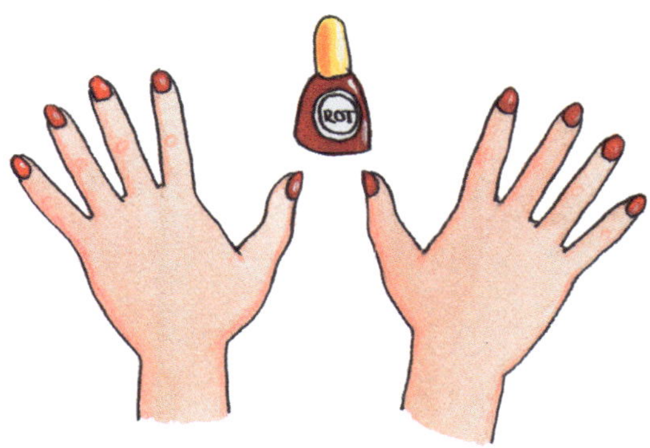

## 38 Die Verfolgung der Schatzräuber

„Die Brücke **hält** nicht“, ruft der Ritter **ängstlich**. Unter ihnen fließt ein **mächtiger** Fluss. Vier **Männer** befinden sich auf der wackligen Holzbrücke, fünfzig Meter über dem Wasser.

„Auch wenn es **gefährlich** ist, wir müssen weiter“, entgegnet der Anführer. „Sie haben unsere wertvollsten **Schätze** gestohlen!“

44 Wörter · diktiert am: ......................

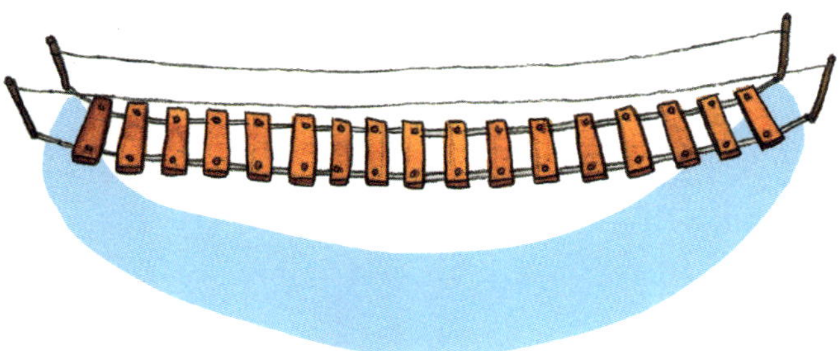

**Wörter mit äu**

Wörter mit **äu** kannst du meistens von Wörtern mit **au** ableiten (tr**äu**men – der Tr**au**m, B**äu**me – der B**au**m). Achtung! Es gibt einige Wörter die sich nicht von Wörtern mit **au** ableiten lassen und trotzdem mit **äu** geschrieben werden (räuspern, die Säule, das Wollknäuel). Diese musst du einfach auswendig lernen.

## 39 Schöne Träume!

„Gute Nacht und **träume** schön!", sagt Mama. Lena kuschelt sich ein und wünscht sich ihren Lieblingstraum: Sie schwebt über die **Bäume** und **Sträucher** im Zauberwald. Die Zauberfeen laden sie in ihre **Häuser** ein. Dort spielt Lena mit den Feenkindern und ihren **Mäusen**. Dann wacht sie auf und ist froh!

49 Wörter · diktiert am: .....................

## 40 Zu früh gefreut

Die **Räuber** sitzen am Ufer des Flusses und **säubern** die goldenen Kelche. In ihren kühnsten **Träumen** haben sie nicht mit so viel Gold gerechnet. Plötzlich hören sie ein Knacken hinter den **Sträuchern**. Vier Ritter stürzen auf sie zu, die **Fäuste** fliegen, die Schwerter klirren und schnell sind die **Schatzräuber** überwältigt.

50 Wörter · diktiert am: .....................

**Wörter mit eu**

Der Laut **eu** klingt gleich wie **äu**. Du schreibst Wörter immer dann mit **eu**, wenn es kein verwandtes Wort mit **au** gibt (der Beutel, der Euro, treu).

## 41 Lottes neue Ballettschuhe

„**Leute**, ich bin so aufgeregt!“, ruft Lotte laut. „**Heute** bekomme ich meine **neuen** Ballettschuhe. Sie sind **nagelneu** und viel schöner als meine alten. Ich **freue** mich so!“ „Darf ich sie auch mal anziehen?“, fragt Maxi. „Klar. Du bist doch meine beste **Freundin**!“

42 Wörter · diktiert am: ......................

## 42 Am Ende des Tages

„Unsere schöne **Beute**“, **seufzt** einer der Räuber. „Du hattest wohl gehofft, ab **heute** reich zu sein“, erwidert ein Ritter mit **Schadenfreude** in der Stimme. Der helle Mond **erleuchtet** den Weg zur Burg. Als die Räuber dort in den Kerker geworfen werden, **heulen** sie verzweifelt auf.

41 Wörter · diktiert am: ......................

**b oder p?**

Am Wortende hört man den Unterschied zwischen **b** und **p** nur schlecht. Um herauszufinden, ob du das Wort mit **b** oder **p** schreibst, kannst du es verlängern oder ein verwandtes Wort suchen (lie**b** → lie**b**en, Stau**b** → stau**b**ig).

## 43 Der Lieblingsplatz von Kater Otto

Kater Otto macht es sich im **Wäschekorb** gemütlich. „Du **Lump** machst alles schmutzig!“, ruft Mama und jagt ihn fort.

„Ich baue Otto eine Höhle zum Kuscheln“, sagt Maria. „Ich **hab** ihn nämlich **lieb**.“

„Gute Idee!“, sagt Mama, „dafür bekommst du ein dickes **Lob**.“

43 Wörter · diktiert am: ......................

## 44 Der Unfall

Ausgerechnet als der **Polizist** zum Tatort gerufen wurde, **gab** es einen Unfall. Nichts **bewegte** sich auf der Straße. Der **Beamte** ärgerte sich über sein **Pech**. Er **hupte** wie verrückt und schaltete das **Blaulicht** ein. Zum Schluss fuhr er über den **Bürgersteig**, um schneller vorwärtszukommen. Was **blieb** ihm anderes **übrig**?

49 Wörter · diktiert am: ......................

**Wörter-Babys**
Suche das längste Diktatwort aus diesem Diktat heraus. Schreibe es von oben nach unten auf ein Blatt. Das Wort bekommt „Babys", wenn du zu jedem Buchstaben deines Wortes ein neues Diktatwort aus diesem Buch findest, das mit diesem Buchstaben anfängt. Schreibe die Wörter-Babys hinter den jeweiligen Buchstaben. Na, wie lange brauchst du, um zu jedem Buchstaben ein Wort zu finden?

**d oder t?**

Auch den Unterschied zwischen **d** und **t** am Wortende hört man nur schwer. Wenn du das Wort verlängerst oder ein verwandtes Wort suchst, kannst du hören, ob du **d** oder **t** schreiben musst (Hal**t** → anhal**t**en, Lan**d** → Län**d**er). Verben in der 3. Person Einzahl enden immer auf **-t**.

## 45 Meine Tante Paula

Heute **kommt** Tante Paula zu Besuch. Sie **sieht** wieder einmal ganz schräg aus. Auf dem Kopf **hat** sie einen spitzen **Hut.** Ihr **Mund** ist **knallrot angemalt**. Sie **trägt** ein grünes **Kleid** mit einem Gürtel. Der ist **breit** und **bunt**. Eines **ist** sicher: Tante Paula **fällt** immer auf!

47 Wörter · diktiert am: ......................

## 46 Im Schutz der Nacht

In der **Nacht weht** der **Wind** dicke Wolken über den Himmel. Immer wieder **wird** der **Mond verdeckt**. Nach dem **Gold suchend hat** sich der **Feind** des Piratenkönigs **unerkannt** bis zum Versteck geschlichen. Doch plötzlich **schlägt** ein **Hund** Alarm.

38 Wörter · diktiert am: ......................

**g oder k?**

Ob am Wortende **g** oder **k** stehen muss, findest du heraus, indem du das Wort verlängerst oder ein verwandtes Wort suchst (We**g** → We**g**e).

## 47 Prinzessin Rita hat eine Idee

Prinzessin Rita findet es in ihrem Schloss schrecklich öde: Immer der gleiche Ausritt am **Mittag** auf dem **Weg** im **Park**. Rita hat eine tolle Idee: Sie wird Gespenst von Beruf! Sie schnappt sich einen weißen Umhang. Schon geht es los mit einem gruseligen **Spuk**. Huhuuuu!

45 Wörter · diktiert am: ......................

## 48 Nach dem Museum

Das kleine Gespenst Uli sitzt unsichtbar im **Park** des Museums. Die Ausstellung über magische Welten war toll. Ein Mädchen kommt den **Weg** entlang. Es wirft seine Eintrittskarte achtlos zu Boden. So ein Dreckfink! Uli fliegt zu ihr und pustet ihr zur Strafe einen eisigen **Atemzug** ins Ohr. Was für ein **Spuk**!

51 Wörter · diktiert am: ......................

**Wörter mit ö oder ü**

Die fünf Vokale **a, e, i, o, u** kennst du schon. Im Deutschen gibt es außerdem die sogenannten **Umlaute (ä, ö, ü)**. Das **ä** hast du bereits kennengelernt. Nun kannst du die Laute **ö** und **ü** üben.

## 49 Kühle Kekse

Olaf ist ein toller Koch. Er kocht **köstliche Eintöpfe** und backt **süße** Kuchen. In der **Küche** ist er immer **glücklich**.

Aber heute ist Olaf **betrübt**. Seine Lieblingskekse sind nicht dick und heiß geworden, sondern **dünn** und **kühl**. Wie ist das nur **möglich**? Olaf **überlegt** und **grübelt** lange.

Da entdeckt er den Stecker des Backofens. Er steckt ja gar nicht in der Steckdose! Oh je, wie **blöd**!

Wie **schön**, dass das Rätsel **gelöst** ist. Nun ist Olaf wieder **fröhlich**.

78 Wörter · diktiert am: ......................

## 50 Seltsames Geräusch

Der **böse** Priester des **Pharao** hat einen **üblen** Plan ausgeheckt. Er will den **Pharao** **überwältigen**, um an dessen **Reichtümer** zu gelangen. Mitten in der Nacht **hört** der **Pharao** ein **ungewöhnliches** Geräusch, von dem er geweckt wird. Aus den Augenwinkeln sieht er, dass seine Wachen **überall** im Raum bewusstlos am Boden liegen. Dann bemerkt der **Pharao**, wie eine Gestalt an sein Bett tritt. **Glücklicherweise** hat er noch nicht geschlafen und springt aus dem Bett. Der Priester weicht **überrascht** zurück.

78 Wörter · diktiert am: ......................

**ai oder ei**

Die Doppellaute **ei** und **ai** klingen gleich. Doch zum Glück gibt es nur wenige deutsche Wörter mit **ai** (zum Beispiel: Hai, Kaiser, Mai, Mais, Waise). Lerne sie auswendig und schreibe alle anderen Wörter mit **ei**!

## 51 Lila und der Hai

Im **Mai heiratete** Prinzessin Lila den **Kaiser** von **Taiwan**. **Leider verreiste** der **Kaiser** oft und Lila war **einsam**.

Von **einer Reise** brachte der **Kaiser** Lila **ein** riesiges, gläsernes **Ei** mit. Darin schwamm **ein** magischer **Hai**. Er machte Witze, wenn Lila traurig war und erzählte spannende Geschichten, wenn sie sich **langweilte**.

Die **Lieblingsspeise** des **Hais** war **Mais**. Jeden Tag kochte Lila **drei** Kessel voll. Der **Hai** war ein wenig **eigenartig**. Er wollte jedes **Maiskorn einzeln verspeisen.** Lila musste die Körner nach und nach ins Wasser werfen. So war es Lila nie wieder **langweilig**!

92 Wörter · diktiert am: ......................

**Dein Ai-Maiskolben:**
Nimm ein Blatt Papier und male darauf einen großen gelben Maiskolben mit vielen Maiskörnern. Schreibe in jedes Maiskorn ein **Diktatwort** mit **ai**. Immer wenn du in Zukunft einem neuen Wort mit ai begegnest, trägst du es in ein leeres Maiskorn ein. So lernst du deine ai-Wörter schnell auswendig!

## 52 Im alten Japan

Die **Samurai** waren im alten Japan Soldaten im Dienste der **kaiserlichen** Armee. Sie waren **meisterliche** Kämpfer, was vor allem an ihrer Ausbildung lag. Diese begann oft **bereits** im Alter von **drei** Jahren. Doch die Kinder lernten nicht nur Kämpfen, sondern auch Lesen und **Schreiben**. Die **Ausbildungszeit** endete **meist** mit fünfzehn Jahren. Dann erhielten die **Samurai** in **einer feierlichen** Zeremonie ihre Waffen und ihre **eigene** Rüstung. Von diesem Tag an dienten sie dem **Kaiser** oder einer **Adelsfamilie**.

76 Wörter · diktiert am: ....................

**f oder v?**

Wörter, die den scharfen f-Laut am Anfang haben, schreibst du fast immer mit **f** (fast, fertig, Fliege, Futter). Die Vorsilbe **ver-** schreibt man immer mit **v**. Ansonsten schreibst du nur wenige Wörter mit **v** (Vater, vier, vielleicht, von, vor). Merke sie dir gut!

## 53 Ein freundlicher Vogel

Ella und Manuel laufen in den Wald und spielen **Verstecken**. Um **vier** Uhr wollen sie nach Hause, doch sie **finden** den Heimweg nicht! Sie haben sich **verlaufen**!

Geht es **vielleicht** da entlang? Oder doch dort hinten?

Da **vernehmen** Ella und Manuel plötzlich ein **fröhliches** Zwitschern. Auf einem Ast sitzt ein bunter **Vogel**.

„Den kenne ich doch!", sagt Manuel. „Er **frisst** im Winter an unserem **Futterhaus**. Komm, wir **folgen** ihm!"

Ella und Manuel laufen dem **Vogel** hinterher.
Er **führt** sie schnell zurück nach Hause.

84 Wörter · diktiert am: ......................

## 54 Gedankenkraft

**Fasziniert** starrt Tim auf den Roboter. Wie **viele Fähigkeiten** er inzwischen besitzt! Schade, dass er nicht wie ein **Vogel** **fliegen** kann, denkt Tim. Plötzlich wackelt der Tisch und der Roboter schießt in die Luft, **fast** bis zur Decke. Schwankend nähert er sich dem geöffneten **Fenster**. Du musst landen, **fleht** Tim **verzweifelt**. Sofort landet der Roboter **flink** auf seinen silbernen **Füßen**. Tims **Freude** ist riesig. Obwohl er das **für völlig** ausgeschlossen gehalten hätte, kann er den Roboter mit der Kraft seiner Gedanken steuern.

82 Wörter · diktiert am: ......................

**Diktieren mit 0-Fehler-Garantie**
Suche ein Diktatwort heraus. Diktiere es deinem Partner – dabei hilfst du ihm, so gut du kannst. Du diktierst nämlich so, dass dein Partner möglichst keine Fehler macht. Sage ihm all das, was er wissen muss, damit er das Wort richtig schreiben kann. Wenn die Wörter richtig aufgeschrieben wurden, könnt ihr stolz sein, denn dann wart ihr wirklich ein super Team!
**Beispiel:** Dein Partner soll das Wort „viel“ schreiben.
So kannst du ihm helfen: „Du schreibst das Wort klein“, „Denk daran, dass man es mit v schreibt“, „Es hat ein langes i – denk an die richtige Schreibweise“ ...

**Wörter mit qu**
Der seltene Buchstabe **q** ist ein dicker Freund vom **u**. Immer, wenn du den Laut **kw** hörst, musst du **qu** schreiben (Qualm, quasseln, quengeln, quieken).

## 55 Durchsichtige Meeresbewohner

**Quallen** sind spannende Tiere. Die Körperform der Meerestiere gleicht einem geöffneten Regenschirm. Sie sind nahezu durchsichtig und bestehen fast nur aus Wasser. Sie schweben kreuz und **quer** durch die Weltmeere.

Manchmal findet man **Quallen** sogar am Strand. Einige Strandbesucher bewerfen sich aus **Quatsch** gegenseitig mit den Glibbertieren. Doch das kann sehr **quälend** werden: Berührst du die langen Fadenarme der orangefarbenen **Feuerqualle**, bekommst du brennende, rote **Quaddeln** auf der Haut. Dagegen hilft ein kühlender Umschlag mit **Quark**.

76 Wörter · diktiert am: ....................

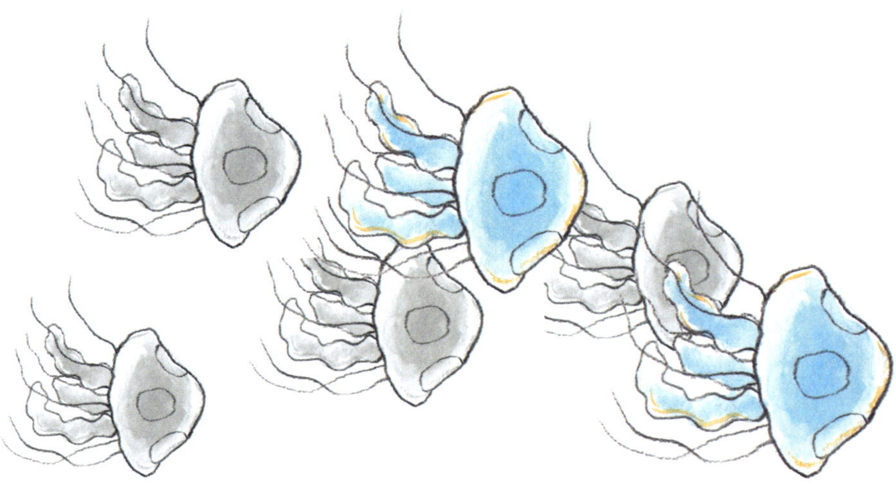

## 56 Gefangen auf Planet XR 37

„Wir müssen diesen **Quälgeist ausquetschen**“, fordert der außerirdische General. Böse starrt er Pilot Jeremias an. Das schleimige Monster kommt ihm so nah, dass Jeremias wegen des unerträglichen Gestanks **gequält** die Nase rümpft und schnell sein Gesicht abwendet. Sein Blick fällt auf die **qualmenden** Überreste seines Raumschiffs, mit dem er eine Bruchlandung hingelegt hat.

Da bemerkt er eine **Lichtquelle** am Horizont des grünen Planeten. Der Rettungstrupp ist unterwegs und wird ihn aus den Klauen der Außerirdischen befreien.

76 Wörter · diktiert am: ....................

**Wörter mit x**

Das **x** taucht nur in wenigen Wörtern auf. Diese musst du dir gut merken (extra, fix, boxen, Taxi). Später lernst du noch andere Schreibweisen für den x-Laut kennen (S. 93).

## 57 Die Nixe Lena

Die kleine **Nixe** Lena ist mit Frieder, dem fliegenden Fisch, verabredet. Er kommt gerade vom Training. Zuerst hat Frieder fliegen, dann **boxen** geübt. Er ist **extra** früher gegangen, damit er mit Lena spielen kann.

Nun möchte Frieder mit Lena um die Wette schwimmen. Aber Lena mag lieber Korallen **verhexen**.

„Simsalabim!", ruft Lena und dann: „**Verflixt**! Ich habe meine eigene Flosse **verhext**! Jetzt ist ein Knoten drin!"
Frieder lacht. Er löst den Knoten aus Lenas Schwanzflosse und dann schwimmen sie um die Wette. Ganz **fix**.

84 Wörter · diktiert am: .......................

## 58 Im Kellergewölbe

Erkum, der **Hexenmeister**, wirft eine letzte Zutat in die **Mixtur**. Im Kessel brodelt es gewaltig. Sein **Experiment** steht kurz vor dem krönenden Abschluss. Aus der gläsernen **Box** nimmt er einen Käfer und lässt ihn in die Flüssigkeit fallen. Plötzlich **explodiert** der Kessel und das Tier wächst in kürzester Zeit auf seine hundertfache Größe. Seine Scheren sehen aus wie **Äxte**, die es bedrohlich wie ein **Boxer** schwingt. Entsetzt starrt der **Hexenmeister** auf dieses Ungeheuer. Er muss schnell **ausbüxen**, damit ihm nichts passiert.

81 Wörter · diktiert am: ......................

**Verben-Bauwettbewerb**

Kannst du neue Verben bauen? Mit den richtigen Wort-Bausteinen geht das ganz prima. Nimm ein Blatt und schneide es in 14 gleich große Kärtchen. Übertrage auf jedes deiner Kärtchen einen dieser Wortbausteine:

| | | | | | | |
|---|---|---|---|---|---|---|
| ein | ent | vor | ab | be | um | durch |
| er | aus | ver | an | ge | weg | auf |

Suche dir nun 8 Verben aus dem Buch aus. Baue dann aus diesen Verben mit Hilfe deiner Wortbausteine ganz neue Verben.
Achtung: Nicht zu jedem Verb passen die gleichen Wortbausteine. Probier es aus: Welches Wort kennst du und welches klingt nach Unsinn?
**Beispiel:** „kommen“: entkommen, auskommen, bekommen, ...
aber: „erkommen“ gibt es nicht!

**Wörter mit ch oder sch**

Auch **ch** und **sch** gehören zu den Lauten, die recht ähnlich klingen können. Damit du Wörter mit **ch** und **sch** nicht verwechselst, lies sie laut und deutlich vor. Schon hörst du den Unterschied genau (Kirche – Kirsche, länglich – englisch).

## 59 Eine Tasche aus Filz

Im **Unterricht** fertigt Stella eine **Tasche** aus Filz. Dazu nimmt sie dicke Wolle, die in allen Farben schimmert: **Bläulich**, **grünlich**, **rötlich** und **gelblich**. Die Wolle zwirbelt sie zu einem **länglichen** Strang, fast wie ein endloser Faden. Daraus strickt Stella eine **Tasche**, die so groß ist, dass bequem 20 **Bücher** hineinpassen würden! Anschließend wird der Riesensack in sehr heißem Seifenwasser **gewaschen**. Die Wolle schrumpft ein und heraus kommt eine **praktische**, kleine Tasche für **festliche** Tage.

74 Wörter · diktiert am: .....................

**Silbenrätsel**

Schreibe die letzten 6 Diktatwörter aus dem Diktat heraus. Schneide aus einem Blatt Papier kleine Kärtchen zurecht. Auf jedes dieser Kärtchen schreibst du nun eine Silbe der 6 Wörter. Danach mischst du die Kärtchen gut durch. Dein Partner hat nun die knifflige Aufgabe, die 6 Wörter zu erkennen und sie aus den Kärtchen wieder zusammenzulegen. Gar nicht so einfach, oder?

## 60 Das magische Buch

Hinter dem **dichten Gebüsch** habe **ich** zwei **Bücher** gefunden. Das Erste hatte einen rosafarbenen **Umschlag** und wurde von mir **nicht beachtet**. Das Zweite war **schwarz** und **ich schlug** es neugierig auf. Ein **Drache schoss** einen Feuerstrahl in meine **Richtung**. Zu meinem **Schutz** blätterte **ich schnell** um. **Doch** auf der **nächsten** Seite wurde es noch **schlimmer**. Eine **Schlange zischte mich** an. Sie **versuchte**, **mich** mit ihren Giftzähnen zu verletzen. Ich **lächelte** zufrieden. **Bücher** können so **unglaublich** aufregend sein!

77 Wörter · diktiert am: ......................

**Silbenrätsel**
Schreibe die letzten 6 Diktatwörter aus dem Diktat heraus. Schneide aus einem Blatt Papier kleine Kärtchen zurecht. Auf jedes dieser Kärtchen schreibst du nun eine Silbe der 6 Wörter. Danach mischst du die Kärtchen gut durch. Dein Partner hat nun die knifflige Aufgabe, die 6 Wörter zu erkennen und sie aus den Kärtchen wieder zusammenzulegen. Gar nicht so einfach, oder?

**sch, sp oder st?**

Der **sch-Laut** wird normalerweise als **sch** geschrieben (Schal, Schule, schwer). Aber Achtung: vor **p** und **t** sieht es anders aus! Du schreibst **sp** (Speck, spielen) und **st** (Stall, steinig).

## 61 Meine Stute Lilli

Tamara ist wahnsinnig **stolz**. Zu ihrem 10. Geburtstag hat sie von Oma und Opa ein eigenes Pferd bekommen! Lilli ist ein **wunderschöner Schimmel**. Jeden Tag **striegelt** Tamara Lillis Fell, bis es hell **schimmert**. Dann kratzt sie **Stroh** und **Schmutz** aus den Hufen und bürstet **Schweif** und Mähne der **Stute**. Das macht **Spaß**!

In den Ferien lernt Tamara reiten. Ihr Vater zeigt ihr, wie man Sattel und Trense anlegt und sich auf den Pferderücken **schwingt**. Dann geht es los: erst **Schritt**, dann Trab und **schließlich** Galopp. **Schon** bald reiten die beiden ins Gelände. Sie **erspähen Spechte** und **Spatzen** und kommen erst **spät** nach Hause. Was für **spannende** Tage!

107 Wörter · diktiert am: ......................

## 62 Nach Sonnenuntergang

Nach einem **schlimmen** Tag **wünschte** sich **Stefan** nichts mehr, als einen **Spaziergang** in der **Abendstille**. Alles war heute **schiefgelaufen**. Angefangen beim **Sportunterricht**, in dem er den Test nicht **bestanden** hatte. Und dann die **Aussprache** der Klasse, weil es letzte Woche **Streit** gegeben hatte. Warum hatten sie ihm dafür die **Schuld** gegeben? Plötzlich wurde ihm der unerträgliche **Gestank** bewusst. **Stefan** blickte sich um. In seiner Nähe entdeckte er einen **Baumstumpf**, der ihm noch nie zuvor aufgefallen war. Langsam näherte er sich ihm. Da **schoss** ein Vampir aus dem **Stumpf** in die Höhe und **zischte** ihn an. **Stefan** griff **rasch** nach seiner Halskette mit dem Kreuzanhänger. Sofort zerfiel der Vampir zu **Staub**.

110 Wörter · diktiert am: ......................

**Wörterstraße**
Male eine Straße auf ein Blatt Papier. Schreibe nun alle Wörter mit **St** oder **st** auf deine Wörterstraße. Du kannst deine Wörterstraße auch einfach in deinem Zimmer aufhängen. Dann siehst du die Wörter immer wieder und prägst sie dir leichter ein. Immer wenn du ein neues Wort mit **st** lernst, kannst du es auf deine Wörterstraße schreiben.

**Wörter mit ks-Laut**

Für den **ks**-Laut gibt es viele Schreibweisen: Man kann **chs** (Dachs), **cks** (Klecks), **gs** (mittags), **ks** (Keks) oder **x** (Mixer) schreiben. Und wann schreibst du was? Manchmal kannst du dir helfen, indem du versuchst das Wort abzuleiten (Kna**cks** – kna**ck**en, neuerdin**gs** – Din**g**).

## 63 Eine aufregende Nacht

Mitten in der Nacht wanderten Lea, Julia und Onkel Leo zum Wald. Schon **unterwegs** entdeckten sie einen scheuen **Fuchs**.

Als sie vor dem Hochsitz standen, staunte Julia: „Das sieht ja aus wie ein **Hexenhaus**!"

Alle kletterten hinauf und warteten. Ein lustig gestreifter **Dachs** lief über die Lichtung und knabberte an Wurzeln und Pilzen. Rehe kamen vorbei. Onkel Leo packte **Kekse** und heißen Tee aus. Das schmeckte im Wald besonders lecker!

Auf dem Heimweg entdeckte Lea eine **Eidechse** in der Morgensonne. Auf der Weide muhten Kühe und **Ochsen**.

Um **sechs** Uhr morgens fiel Lea hundemüde ins Bett. Aber **nachmittags** las sie im **Lexikon** alles über die spannenden Tiere des Waldes.

109 Wörter · diktiert am: ......................

## 64 Boxenstopp

Das 24-Stunden-Rennen war zur Hälfte vorbei und **Alexander** hatte sich einen großen Vorsprung herausgefahren. Vielleicht zahlte es sich aus, dass er vor dem Start des Rennens seinen **Glücksbringer** auf den rechten Handschuh gemalt hatte: eine grüne **Eidechse**. **Links** vor ihm tauchte die **Box** auf. Er würde dort halten und den Wagen auftanken lassen. Auf einmal erschütterte ein Schlag den Wagen, der sofort langsamer wurde. **Alexander** fuhr zu seinem Team und machte sie darauf **aufmerksam**. Die Mechaniker entdeckten eine angebrochene **Achse**, die repariert werden musste. Was war er bloß für ein **Unglücksrabe**! Während der Reparatur überholten ihn **sechs** Fahrzeuge. Mit **ausdruckslosem** Gesicht sah er sie vorbeiziehen.

105 Wörter · diktiert am: .......................

**bs oder ps?**

In einigen Wörtern kommen die Buchstaben **bs** oder **ps** vor. Leider kannst du den Unterschied nicht hören (Erbse, Mops). In manchen Fällen kannst du die Wörter ableiten (du klebst – kleben, du hupst – hupen). Das klappt aber nicht immer. Also heißt es: Lies und schreibe die Wörter immer wieder, bis du sie im Schlaf richtig schreiben kannst!

## 65 Merle hilft im Garten

Im **Herbst** gibt es im Garten eine Menge zu tun. Merle läuft zu Oma und Opa und hilft bei der Ernte von **Obst** und Gemüse. Zuerst klettert Merle in den Pflaumenbaum und pflückt die reifen Früchte. Ihr Opa will das nicht mehr tun, seit er einmal von der Leiter **geplumpst** ist. „Danach hatte ich drei Monate einen **Gips**!“, schimpft er. Auch Bohnen, Spinat und **Erbsen** können geerntet werden. Nach so einem Tag Arbeit gönnen sich Oma und Opa immer einen **Schnaps**. Merle nascht lieber von Omas Pflaumenkuchen. Die Schufterei hat sich gelohnt!

92 Wörter · diktiert am: ......................

**Regenbogenwort**

Manche Wörter hast du schon oft geschrieben, aber du findest sie immer noch schwierig? Da hilft ein guter Trick! Du schreibst das Wort in großen Buchstaben auf ein Blatt Papier: zuerst in violetter Farbe, dann in blauer Farbe darüber und danach in 5 weiteren Regenbogenfarben. Du hängst das Blatt an einer Stelle auf, an der du oft vorbeikommst – zum Beispiel an deiner Zimmertür oder an einem Schrank. Du wirst sehen: So kannst du dir das Wort viel leichter einprägen.

## 66 Ferienabenteuer

Endlich **Herbstferien**, dachte Jonas. Die perfekte Zeit, um Abenteuer zu erleben. Auf dem Frühstückstisch fand er einen Zettel von Mama. „**Liebster** Sohn, kannst Du bitte zum **Obsthändler** gehen und zwei Kilo Äpfel kaufen?“

Jonas **plumpste** auf den Stuhl. Wie sollte er dort Abenteuer erleben?

Eine Stunde später betrat er das Geschäft. „Jemand hat mich bestohlen!“, rief der **Obsthändler.** Vor Aufregung **piepste** seine Stimme. Jonas blickte sich um. Er entdeckte eine alte Frau, die gerade ihr frisches **Obst** in die Tasche packte, und einen Mann mit **eingegipstem** Arm. Jonas sah etwas Grünes aus dem **Gips** ragen. War das ein Geldschein? „Überprüfen Sie den Mann mit dem **Gips**“, sagte er **selbstbewusst**.

109 Wörter · diktiert am: ......................

**Der Buchstabe ß**

Der Buchstaben **ß (scharfes s)** steht nach einem langen Vokal oder Doppellaut am Wortende (Fuß, süß, heiß, Schweiß) oder in der Wortmitte (fließen, gießen, draußen). Das **ß** steht niemals am Anfang eines Wortes!

## 67 Huhu und der Hund

Das Gespenst Huhu hat einen neuen Hund. Der Kläffer ist ein **süßer weißer** Pudel und **heißt** Billi. Billi sitzt am liebsten auf Huhus **Schoß**. Doch nun kann Huhu nicht mehr spuken! Huhu schubst Billi einfach hinunter, aber das findet der Pudel gar nicht gut.

Ohne Spuk kann Huhu den Tag gar nicht **genießen**! Er spürt einen **Kloß** im Hals und fängt an zu weinen. Da springt Billi auf, leckt Huhu die Tränen aus dem Gesicht und hüpft auf den Boden.

„Na endlich!", denkt sich Huhu und spukt davon.

88 Wörter · diktiert am: ......................

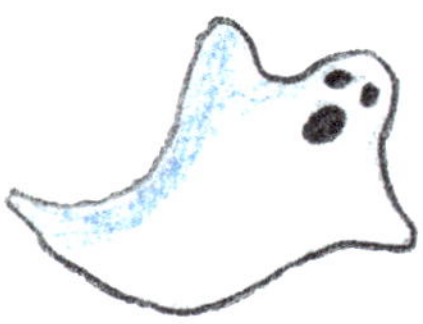

## 68 Freistoß

Der Torwart machte einen weiten **Abstoß**. Der **Fußball** flog **dreißig** Meter weit und wurde **anschließend** vom Mittelfeldspieler auf die **Außenseite** gepasst. Dort wartete der weltbeste Spieler, nahm den Ball an und rannte Richtung Strafraum. Ein Gegner stellte sich ihm in den Weg, durch eine Körpertäuschung vermied er jedoch den **Zusammenstoß**. **Bloß** dem **Fuß** des Gegners, der ihn niederriss, konnte er nicht mehr ausweichen. Der Schiedsrichter entschied auf **Freistoß** und gab eine gelbe Karte. Der weltbeste Spieler wollte den Ball direkt aufs Tor **schießen**. Er nahm Anlauf, schoss und der **Fußball** zappelte im Netz. Die Heimmannschaft ging **verdientermaßen** in Führung. Was für ein **Spaß** für die Zuschauer!

105 Wörter · diktiert am: ......................

**Diktatwörter-ABC**
Schreibe das ganze ABC auf ein Blatt und zwar von oben nach unten. Streiche dann zehn seltene Buchstaben durch. Finde nun zu den anderen Buchstaben immer ein Wort mit dem passenden Anfangsbuchstaben und schreibe es auf dein Blatt. Wenn dir nicht zu allen Buchstaben ein Wort einfällt, suche in diesem Buch nach passenden Wörtern. Und schon hast du ein Diktatwörter-ABC.

**ss oder ß?**

Der **scharfe** s-Laut kann entweder als **ss** oder **ß** geschrieben werden. Auf der vorigen Seite hast du gelernt, dass du nach langen Vokalen und Doppellauten **ß** schreibst. Dagegen schreibst du nach einem kurzen Vokal immer **ss** (Fluss, Kuss, er muss).

## 69 Prinzessin Dunja

Gestern hat **Prinzessin** Dunja zum ersten Mal Prinz Toni gesehen. Dunja hat sich sofort in ihn verliebt.

Nun mag Dunja nichts mehr **essen**. Egal ob salzig oder **süß**, **heiß** oder kalt: Sie kriegt einfach nichts herunter. Und dabei war der Koch so **fleißig** und hat extra **weiße** Pfirsiche für Dunja eingelegt!

Am Nachmittag treffen sich **Prinzessin** Dunja und Prinz Toni im **Schlossgarten**. Dunja wird erst knallrot, dann **blass**. Sie **weiß** gar nicht, was sie sagen soll!

Schnell haucht Dunja Toni einen **Kuss** auf die Wange. Toni ist überglücklich und wird noch viel röter als Dunja!

95 Wörter · diktiert am: .....................

## 70 Im Badezimmer

Beim Zähneputzen hörte ich ein **grässliches** Geräusch. Schnell lief ich zu meiner großen Schwester, die faul im **Sessel** vor dem Fernseher **saß**.

„Ich glaube, im Badezimmer ist ein Monster“, wisperte ich entsetzt. Bestimmt war ich ganz **blass** geworden.

Meine Schwester schaute mich gelangweilt an. „Was für ein **Spaß**!“ Dann blickte sie wieder in die Glotze.

**Entschlossen** ging ich zurück ins Bad und hob den **Toiletten**deckel hoch. Unten im **Wasser** schwamm ein Babykrokodil, das eigentlich ganz **süß** aussah. Es schnappte mit seinem Maul, als meine Schwester an die Tür klopfte. „Ich **muss** aufs Klo“, rief sie. Ich überlegte, ob ich sie ohne Warnung **hineinlassen** sollte, aber da war sie auch schon drin. Meine Schwester wollte unseren Gast schon den **Abfluss** hinabspülen, aber ich konnte sie davon überzeugen, dass es sicherlich einen **besseren** Weg nach **draußen** gab.

109 Wörter · diktiert am: ......................

**das oder dass?**

Du bist dir nicht sicher, ob es **das** oder **dass** heißt? Ganz einfach! Immer wenn du das Wörtchen **das** durch **dieses, jenes** oder **welches** ersetzen kannst, schreibst du es mit **s** (Das Mädchen, **das** neu in der Klasse ist. Das Mädchen, **welches** neu in der Klasse ist). Schreibt man es mit **s**, ist es ein Artikel (das Mädchen) oder ein Pronomen (..., das neu in der Klasse ist). Dagegen schreibst du **dass** immer mit **ss**, wenn du es nicht durch **dieses**, **jenes** oder **welches** ersetzen kannst (Ich denke, **dass** ich heute mitkommen werde). Hier ist **dass** ein Bindewort.

## 71 Svenjas neue Klasse

Svenja ist neu in der Klasse 4c. Sie schaut sich genau um. **Das** Klassenzimmer ist hell und voller bunter Bilder. In der ersten Reihe sitzt ein Mädchen, **das** sie nett anlächelt. Ein anderes Mädchen, **das** ebenfalls freundlich aussieht, steht auf und bietet Svenja einen Platz an. Ein blonder Junge hält Svenja **das** Lesebuch hin. Sie soll daraus vorlesen. Was für ein Glück, **dass** sie so gut lesen kann!

Dann singt die Klasse ein Lied für Svenja. **Das** Lied, **das** sehr lustig ist, handelt von wilden Tieren.

Svenja hätte nicht gedacht, **dass** der erste Tag in ihrer neuen Klasse so schön sein würde!

102 Wörter · diktiert am: ......................

## 72 Überlebenskampf

**Das** Dinosaurierweibchen musste **das** Ei beschützen. So lange hatte es darauf gewartet, **dass** ihr Baby schlüpfte und ausgerechnet jetzt war **das** Stampfen der großen Fleischfresser zu hören. **Das** war ein schlechter Zeitpunkt! Immer lauter wurde **das** Gebrüll der Raubtiere. Instinktiv wusste **das** Weibchen, **dass** sie in großer Gefahr schwebten. Zur Verteidigung bildeten die stärksten Herdentiere einen Kreis um die schwächeren Tiere. Sie wollten nicht kampflos zulassen, **dass** ihr Nachwuchs getötet würde.

Die Fleischfresser griffen an. **Dass** sich die Pflanzenfresser mit ihren Keulenschwänzen wehrten, beeindruckte sie allerdings. **Das** gefiel ihnen gar nicht und nach einer Weile verschwanden sie wieder. Der Zusammenhalt der Herde hatte **das** Ei gerettet.

106 Wörter · diktiert am: .......................

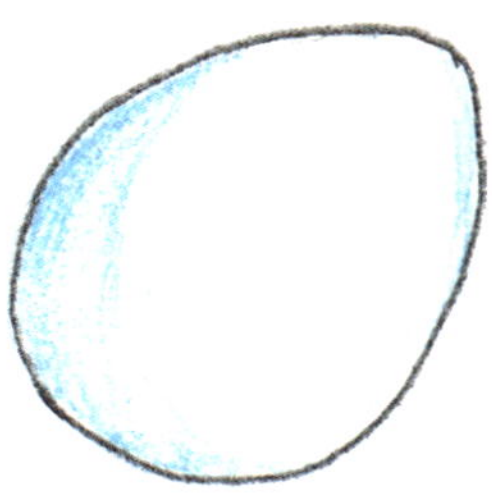

# 3.2 Dehnung

**Doppelvokale (aa, ee, oo)**
Um lang gesprochene Laute zu kennzeichnen, werden manchmal die Vokale **a, e und o** beim Schreiben verdoppelt. Aber Vorsicht, es gibt auch andere Schreibweisen für lange Laute (→ S. 105, 107)!

## 73 Eine Anzeige in der Ostsee-Zeitung

Der **Zoo** sucht dringend neue Tiere! Wir brauchen alle Arten von Tieren, die im und am **Meer** leben: Robben, **Seemöven**, **Aale**, **Seehunde** und vor allem Bären. Eisbären!

**Erdbeeren** mit Schlagsahne nehmen wir natürlich auch!

35 Wörter · diktiert am: ................

## 74 Geisternebel

Dichter Nebel lag über dem **See** und stieg auch aus dem **Moor** auf. Die Leute saßen **paarweise** in den **Booten** und sahen fast nichts mehr. Sie trösteten sich mit dem Gedanken an heißen **Tee** und leckeren **Erdbeerkuchen**. Plötzlich schrie eine **rothaarige** Frau auf. Hatte sie ein Gespenst gesehen?

47 Wörter · diktiert am: ....................

**Wörter mit ie**

Der lange i-Laut wird meistens als **ie** geschrieben (hier, vier, Stier). Später lernst du weitere Schreibweisen für das lange **i** kennen.

## 75 Annika und Lotte haben sich lieb

Annika und Lotte sind **die** besten Freundinnen. **Sie spielen** im Garten und **gießen die** Blumen. **Sie lieben** Basteln und denken sich lustige Reime und **Lieder** aus. **Die** beiden haben immer **viel** Spaß!

32 Wörter · diktiert am: ......................

## 76 Verräterische Spur

Der Polizist betrachtete **die Stiefel** der **vier** Verdächtigen. Der Täter hatte in der Nähe des Tatorts eine **riesige** Fußspur hinterlassen. Bei einem Mann, der breit **wie** ein **Stier** war, **hielt** er inne. Der Abdruck passte perfekt. Schnell **ließ** der Polizist **die** Handschellen zuschnappen. Er hatte den **Dieb**.

47 Wörter · diktiert am: ......................

**Wörter mit Dehnungs-h**
Ein langer Vokal wird oft durch ein **h** nach dem Vokal gekennzeichnet. Lange Laute schreibst du dann so: **ah**, **äh**, **eh**, **ih**, **oh**, **öh**, **uh** und **üh**. Das **h** hörst du dabei meistens nicht.

## 77 Julias Wanderritt

Im **Frühjahr** machen Julia und ihre Freundinnen Reiterferien. Sie **unternehmen** einen Wanderritt für **mehrere** Tage. Auf **ihren** Ponys reiten sie durch den Wald. Schon am ersten Morgen hat Julias Pony einen **Floh**. Auch Julia muss sich kratzen. Sie **zählt siebzehn** Stiche auf **ihren** Beinen. Nach einem **kühlen** Bad im Fluss sind sie wieder **froh**.

Am letzten Abend übernachten sie in einer **Höhle.** Aber was ist das? Die Mädchen hören leise Geräusche. Julia bekommt Angst – aber es ist nur ein Hase, der im **Stroh wühlt**.

**Fröhlich kehren** die Mädchen **zehn** Tage später nach Hause zurück.

94 Wörter · diktiert am: ......................

## 78 Das Seifenkistenrennen

„Ich bin bestimmt viel zu **lahm**“, befürchtete Moritz. „Mein **Sohn**, gleich auf der **Bahn** wirst du dir beim **Fahren** wünschen, langsamer zu sein“, meinte sein Vater. Moritz **sah** auf die **Uhr**. In wenigen Sekunden war er ganz auf sich allein gestellt. Der Schiedsrichter **zählte** von Zehn herunter und schwenkte bei Null die Flagge. Sein Vater schob **ihn** kräftig an. Sofort ging Moritz in **Führung**, die er bis zum Schluss verteidigte. Der **Ruhm** gehörte **ihm**.

74 Wörter · diktiert am: ......................

Bist du selbst schon einmal mit einer Seifenkiste gefahren? Oder hast du schon einmal eine gebaut? Das macht jede Menge Spaß! Eine Anleitung zum Bauen einer Seifenkiste findest du, wenn du im Internet den Begriff „Seifenkiste“ in eine Suchmaschine eingibst. Schreibe dir doch einmal in Stichworten ab, was du dafür alles brauchst. Du kannst auch schon einmal einen Plan zeichnen, wie deine Seifenkiste später aussehen soll.
Nun kannst du dich mit deinen Eltern, deinen Geschwistern oder Freunden an den Bau deiner ganz persönlichen Seifenkiste machen.

**Wörter mit langem i**

Es kommt nur selten vor, dass das **i** alleine steht, aber trotzdem **lang** gesprochen wird. Meistens ist das der Fall bei Pronomen (wir, mir, dir) und in manchen Wörtern aus fremden Sprachen (Apfelsine, Margarine, Maschine).

## 79 Zum Kaffee beim Tiger

**Tiger** und **Krokodil** trafen sich im Park. „Komm, **wir** gehen zum Kaffee zu **mir**“, sagte der **Tiger**. Die beiden Tiere fraßen zwei Schokoladentorten und sechs Gläser saure Gurken. Dazu tranken sie ein Fass **Himbeersirup**.

„Schon alle?“, rülpste das **Krokodil**. „Ich habe noch **Appetit**!“

Also warf der **Tiger** seiner **Futtermaschine** an und zauberte im Nu noch mehr Schokoladentorte und Gurken her.

„Was machen **wir** jetzt?“, fragte das **Krokodil**, als es endlich satt war.

„**Musik**!“, sagte der **Tiger** und nahm seine **Violine**. Er spielte und das **Krokodil** sang dazu:

„Ich bin der Stärkste, alle haben Angst vor **mir**. Doch sie müssen sich nicht fürchten, ich bin doch ein zahmes Tier ...“

109 Wörter · diktiert am: .....................

## 80 Aufregender Nachmittag

„**Wir** können die **Maschinen** nicht aufhalten“, schrie der General verzweifelt. Eine **Lokomotive** kam auf sie zugerast und verwandelte sich in einen bedrohlichen Roboter. Der General stöhnte verzweifelt. „Wie sollen wir diese **widerlichen Maschinen** stoppen? **Gibt** es denn keine Schwachstellen?“ Die Männer um ihn herum schüttelten entmutigt die Köpfe. Eine Flugzeugstaffel näherte sich dem Geschehen. Die Flugzeuge schlugen die Roboter in die Flucht.
Justus presste sich tief in den **Kinosessel**. Dramatische **Musik** begleitete das Geschehen auf der Leinwand. Gut, dass ich nicht die Hauptfigur bin, dachte er. Während ein Teil der **Familie** einen Einkaufsbummel machte, hatte er sich mit seinem großen Bruder für den **Kinobesuch** entschieden. Was für eine tolle **Idee**!

106 Wörter · diktiert am: ......................

## 3.3 Schärfung

**Doppelkonsonanten**
Doppelkonsonanten stehen grundsätzlich nur nach kurzen Vokalen.

### 81 Torfieber

Anna und Paul sind dicke Freunde. Sie spielen **immer zusammen**. Heute spielen sie **Fußball**. Paul steht im Tor.

Anna **nimmt** sich den **Fußball**. Sie **will schnell rennen** und schießen! **Getroffen**! Tor!

Paul ärgert sich kurz. Aber **schnell schnappt** er sich den **Ball** und **rennt** los. Juhu, Gegentor!

47 Wörter · diktiert am: .....................

### 82 Erster Spieltag

Am heißesten Tag des **Sommers begann** die Saison. Die **Sonne brannte** vom **Himmel** und die Zuschauer **starrten** auf das Spielfeld, als der Schiedsrichter **anpfiff**. Welche **Mannschaft** würde an die Spitze der **Tabelle** stürmen? **Konnte** der Favorit dieses Jahr **gestoppt** werden?

40 Wörter · diktiert am: .....................

**Wörter mit ck**

Folgt auf einen kurzen Vokal ein k-Laut, wird das **k** nicht einfach verdoppelt, sondern zu **ck** erweitert (backen, die Schnecke).

## 83 Eine Kuscheldecke für deinen Teddy

Aus **dicker** Wolle kannst du leicht eine kuschelige **Decke** herstellen. **Stricke** kleine **Vierecke** und nähe sie zu einem großen **Viereck** zusammen. Man kann viele tolle Sachen selbst **stricken**: warme **Socken**, **schicke** Mützen und **dicke** **Jacken**. Aber dafür braucht man ein wenig Übung.

42 Wörter · diktiert am: ......................

Probier das doch selbst mal aus! Je mehr Vierecke du strickst, umso größer wird deine Decke. Wenn du nicht stricken kannst, kannst du deine Decke auch häkeln.

## 84 Die geteilte Schatzkarte

Nachdem er aus dem Wasser gestiegen war, **drückte** der Pirat seinen **Glücksbringer** an sich. Er hatte das richtige **Stück** der Schatzkarte erwischt. Auf dem Papier war ein **dicker Fleck** gewesen, der ihm einen Hinweis gegeben hatte. Zunächst mussten seine Sachen **trocknen**, dann würde er nach dem **Versteck** suchen.

49 Wörter · diktiert am: ......................

**Wörter mit tz**
Nach einem kurzen Vokal schreibt man nicht **zz** sondern **tz** (Katze, Tatze, Glatze).

## 85 Die Wildkatze

In einsamen Wäldern lebt die **Wildkatze**. Am wohlsten fühlt sie sich im Gebirge. Die Tiere sehen fast wie getigerte **Hauskatzen** aus, nur größer und mit einem buschigen Schwanz. Auch der Kopf sieht anders aus: Die Nase ist hell und die Schnauze breit.

Auf der Jagd schleicht sich die **Wildkatze** auf leisen **Tatzen** heran und springt **blitzschnell** auf ihre Beute, zum Beispiel Mäuse.

**Wildkatzen** sind sehr scheu. In hohlen Bäumen sind die Jungen vor Feinden **geschützt**.

84 Wörter · diktiert am: ......................

**Meine tz-Katze**
Male den Umriss einer Katze auf ein Blatt Papier. Fülle dein Katzenbild mit den Diktatwörtern, in denen ein **tz** auftaucht. Wie ist deine Katze geworden? Du kannst sie ja noch farbig gestalten und aufhängen. Immer wenn du ein neues **tz**-Wort lernst, kannst du es in deine Katze einbauen!

86

## Drachen gegen Zwerge

Wie **Blitze** kamen die Drachen vom Himmel geschossen. Es waren **Dutzende**! Die Zwerge des Zauberwaldes schrumpften vor Angst. Doch es half alles nichts. Um ihren **Schatz** zu verteidigen, mussten sie sich dem Kampf stellen. Niemals durfte ein Drache das Gold der Zwerge **besitzen**. Zum Glück hatten sich die Zauberer bereit erklärt, sie zu **unterstützen**. Bald waren sie da.
„Zieht eure Köpfe **schützend** ein, wenn sie ihr Feuer speien. Und werft die **Netze**, sobald sie nah genug sind. Passt darauf auf, nicht **verletzt** zu werden!“

82 Wörter · diktiert am: ......................

**Konsonantenhäufung**

Nicht nur zwei gleiche, sondern auch **zwei verschiedene Konsonanten** können auf einen **kurzen Vokal** folgen (Kiste, Saft, Tante). Sogar **drei und mehr** Konsonanten sind möglich (sie tanzt, er schrumpft).

## 87 Ein königlicher Geburtstag

Heute **ist** der **Geburtstag** von **Prinzessin** Fee. Auf ihrer Bettdecke **findet** sie einen Stapel **lustiger Geschenke**: eine sprechende **Holztruhe**, eine **Klampfe** zum **Klimpern** und einen eingeschnappten Zauberstab, der nicht immer **Lust** zum **Zaubern** hat. Was für ein merkwürdiges **Ding**!

Vom **Fenster** betrachtet Fee den **wolkenlosen** Himmel. Dann geht sie in den **Palastgarten** bis zum **uralten Wald**. Dort trifft Fee ihre Freunde, die **lustigen Waldelfen**. Bei ihnen isst sie Weintrauben, **Eicheln**, Moos und **Pilze** zu Mittag.

Am Abend haben ihre **Eltern** eine Überraschung für Fee: ein großes **Fest** mit **Feuerwerk**. Glücklich **tanzt** Fee bis zum Morgengrauen.

95 Wörter · diktiert am: .....................

## 88 Langhals

Zu den größten und **längsten Landtieren**, die je auf der Erde gelebt haben, zählen die **Sauropoden**, die mit sehr **langen Hälsen**, **langen Schwänzen** und massigen **Körpern** ausgestattet waren. Ihre **Köpfe** hingegen waren im **Vergleich** zu dem **restlichen Körperbau** sehr klein. Bei den **Sauropoden** **handelte** es sich ausschließlich um Pflanzenfresser, die mit ihren **Vorderbeinen Äste** und Zweige **herunterziehen** konnten. Die größten dieser Saurier hatten ein **Gewicht** von ungefähr einem **Dutzend Elefanten**, eine **Länge** von **dreiundzwanzig** Metern und eine Höhe von **zwölf** Metern. Einige **Sauropoden** hatten keulenartig **verdickte Schwänze**, mit denen sie **sich** vor den Fleischfressern verteidigen konnten.

96 Wörter · diktiert am: ......................

**Wörterversteck**
Ihr braucht zwei Zimmer. Jeder von euch schreibt 10 Diktatwörter auf einzelne Kärtchen und versteckt sie in „seinem“ Zimmer. Jetzt tauscht ihr die Zimmer und begebt euch auf die Suche nach den Kärtchen. Hast du eins gefunden, gehe zurück zu deinem Heft und schreibe das Wort auf. Wer zuerst alle Kärtchen gefunden hat und es zusätzlich schafft alle Wörter richtig zu schreiben, ist eine echte Spürnase!

**Zusammentreffen von drei gleichen Konsonanten**

Du hast schon gelernt, dass auf kurze Vokale häufig zwei gleiche Konsonanten folgen. In zusammengesetzten Wörtern treffen dann manchmal sogar drei gleiche Konsonanten zusammen:
Schiff + Fahrt → Schifffahrt.

## 89 Übernachtung auf dem Ponyhof

Betty und Lisa gehen heute nach der Reitstunde nicht nach Hause. Sie übernachten auf dem Ponyhof! Auf dem Heuboden packen sie ihre Taschen aus: warme Schlafsäcke und Schlafanzüge, **Betttücher** als Unterlage, eine Taschenlampe (die **Stalllampe** wird um acht Uhr gelöscht), heißen Tee und Kekse.

Betty und Lisa gehen noch einmal zu den Pferden. Als sie schlafen gehen, springt erst Lisa, dann Betty schreiend auf: Wie gemein, die Jungs haben ihnen **Brennnesseln** in die Schlafsäcke gelegt. Wie das pikst! Trotzdem plaudern die Mädchen bis tief in die Nacht.

Schon früh kitzelt die Morgensonne Betty und Lisa wach. Auf dem Ponyhof gibt es natürlich keine **Rollläden**!

104 Wörter · diktiert am: ......................

## 90 Monstertrucks

„Was ist denn das für ein seltsames Fahrzeug?“, fragte der Favorit, während er sich mit einer Portion Pommes aus der **Imbissstube** stärkte.
„Das ist ein **Schnelllastwagen**“, antwortete der Herausforderer. „Stark wie ein Lastwagen, schnell wie ein Rennauto.“
Der Favorit grinste. „Sieht mir eher wie ein **Schrotttransporter** aus.“ Er lachte laut über seinen eigenen Witz, stieg in seinen **Truck** und startete den Motor. Eine **Auspuffflamme** schoss hervor.
Der Herausforderer sah ihm wütend hinterher und strich dabei mit seiner Hand über die mit **Kunststofffolie** aufgeklebte Startnummer. Die Zwei hatte ihm schon immer Glück gebracht. Sie war seine **Gewinnnummer** und daran würde sich auch diesmal nichts ändern.

104 Wörter · diktiert am: ......................

# 4. Wortbildung

## 4.1 Vorsilben

**Wörter mit der Vorsilbe ent-**

Die Vorsilbe **ent-** taucht am Anfang von Nomen, Adjektiven und Verben auf (Entscheidung, entschlossen, Entschuldigung). Verwechsele die Wörter nicht mit solchen, die mit der Vorsilbe **end-** gebildet werden. Diese Wörter leiten sich von der Wortfamilie **Ende** ab (endlich, Endpunkt, Endspiel).

### 91 Die Entdeckung Amerikas

Vor 1000 Jahren segelten isländische **Entdecker** nach Amerika. Dort segelten sie die Küste **entlang**. Weit **entfernt** von der Heimat bauten sich die Isländer neue Häuser. Doch mit den Indianern gerieten sie in Kämpfe. Schließlich **entschlossen** sie sich **enttäuscht**, wieder zurück nach Hause zu fahren.

44 Wörter · diktiert am: ......................

## 92 Schiffsenterung

Bewaffnet mit den Enterhaken stehen die Piraten auf ihrem Schiff. Sie haben das Schiff erst vor Kurzem **entdeckt**, aber jetzt ist es endlich nicht mehr weit **entfernt**. **Entschlossen** werden sie es überfallen. Bereits aus dieser **Entfernung** sehen die Piraten, wie **entmutigt** der Gegner wirkt.

44 Wörter · diktiert am: ......................

**Wort des Tages**
Manche Wörter kann man sich einfach nicht merken! Mache so ein Wort einfach zum „Wort des Tages“. Schreibe es auf einen Klebezettel und klebe es an den Badezimmerspiegel. Während du dir die Zähne putzt, schaust du dir das Wort ganz genau an und merkst es dir. Das machst du einmal abends und einmal morgens. Bevor du dich nun an den Frühstückstisch setzt, schreibst du das Wort in der Küche oder im Esszimmer auf einen Zettel. Sieht es genauso aus auf dem Klebezettel? Vielleicht kann dir jemand sagen, ob du es richtig aufgeschrieben hast. Dann musst du nicht noch mal ins Bad zurück und kannst direkt mit dem Frühstück beginnen ...

**Wörter mit der Vorsilbe ge-**

Viele Wörter haben die Vorsilbe **ge-**. Sie kann die Bedeutung eines Wortes verändern (Busch – Gebüsch, singen – Gesang). Auch die Vergangenheitsform von Verben wird mit der Vorsilbe **ge-** gebildet (gesungen, gelacht).

## 93 Blitz und Donner

Im Urlaub machten Vanessa und ihre **Geschwister** eine lange Wanderung. Sie trugen Brote und Wasser im **Gepäck**. Auch an Regenjacken hatten sie **gedacht**, denn im Gebirge kann das Wetter blitzschnell umschlagen. Und tatsächlich: Als sie auf dem Gipfel standen, brach ein **Gewitter** los. Solche Blitze hatten sie noch nie **gesehen**!

50 Wörter · diktiert am: ......................

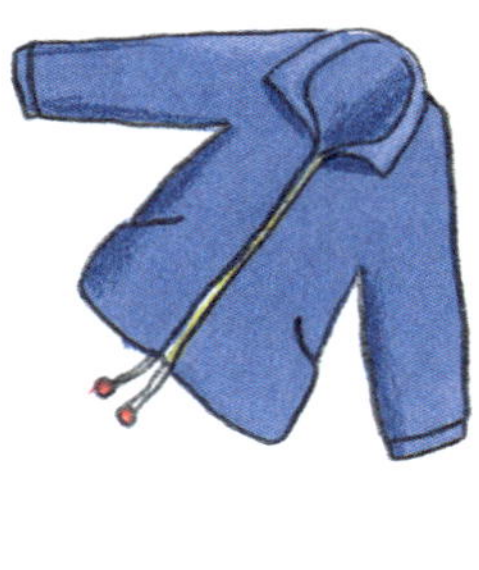

## 94 Der König der Tiere

Der Löwenkönig hatte die **Gefahr gewittert** und mit mächtigem **Gebrüll** sein Rudel **gewarnt**. Die Jäger lauschten **gebannt**. Vor ihnen lag ein **Gebiet** mit dichtem **Gebüsch**. Schon einmal hatten sie sich dorthin **gewagt** und viele von ihnen waren angegriffen worden.

39 Wörter · diktiert am: ......................

**Wörter mit der Vorsilbe un-**
Durch die Vorsilbe **un-** können Wörter plötzlich das Gegenteil aussagen (bekannt – unbekannt, möglich – unmöglich).

## 95 Unbekannte Welten

Das Weltall ist **unendlich** groß. Es hat keinen Anfang und kein Ende, es hört nie auf. Einfach **unglaublich**!

Auch wenn die Sterne wunderschön funkeln, ist es für Menschen im Weltall sehr **ungemütlich**: bitterkalt und ohne Atemluft. Eine Reise im Raumschiff ist daher nicht **ungefährlich**. Trotzdem wagten einige **ungestüme** Entdecker den Flug zum Mond.

Dort sammelten sie Staub und Steine, doch auf ferneren Planeten gibt es sicher auch **unentdeckte** Lebewesen. Ob wir die Außerirdischen jemals treffen, ist leider **ungewiss**.

78 Wörter · diktiert am: ......................

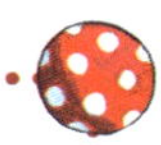

**Merkwörter-Steckbrief**
Ihr solltet mindestens zu zweit sein. Jeder sucht 5 Diktatwörter heraus und schreibt diese auf ein Blatt Papier. Wähle nun ein Wort aus deiner Liste aus und gib deinem Partner Tipps zu dem gesuchten Wort. Du beschreibst es am besten so, wie bei einem Steckbrief. Wechselt euch nach jedem Wort ab. Wer die meisten Diktatwörter erraten konnte, hat gewonnen.

**Beispiel**: Straße: „In meinem Wort sind zwei Vokale."
„Man schreibt es am Anfang etwas anders, als es sich anhört."
„Es fängt mit einem großen **S** an, weil es ein Nomen ist."
„Es hört mit einem **e** auf und in der Mitte hat es den Buchstaben **ß**." „Weißt du wie mein Wort heißt?"

## 96 Die Pyramiden

Bevor die ersten **Pyramiden** gebaut wurden, mussten viele Arbeiter für das Vorhaben gewonnen werden. Bis dahin war es **undenkbar** gewesen, solch **unglaubliche** Bauwerke zu errichten. Während der Bauzeit gab es auch **Unfälle**, besonders dann, wenn die Arbeiter **unaufmerksam** gewesen waren. Doch manchmal hatten sie Glück im **Unglück** und blieben **unverletzt**. Heute ist es **unklar**, wie die **Pyramiden** erbaut wurden. Es gibt Forscher, die es für **unmöglich** halten, dass die Ägypter diese Wunder allein errichtet haben. Ihrer Meinung nach haben Außerirdische beim Bau mitgeholfen.

83 Wörter · diktiert am: ......................

**Wörter mit den Vorsilben er-, ver-, vor- und zer-**
Die Vorsilben **er-, ver-, vor-** und **zer-** verändern die Bedeutungen von Verben (fahren – erfahren – verfahren – vorfahren). Merke dir besonders das **v** am Anfang der Vorsilben **ver-** und **vor-**. Auch mit der Vorsilbe **zer-** werden viele neue Wörter gebildet (fallen – zerfallen, kauen – zerkauen).

## 97 Meereskunde

Melanie, die Meerjungfrau, ist schrecklich **verstimmt**: Ihr Vater hat sie dazu **verdonnert**, die Meerschule von Algen und Muscheldreck zu säubern. Nur wegen der dummen Geschichte mit den Meereskunde-Hausaufgaben! Sie hatte sie nämlich **vergessen**, und als die Lehrerin nachfragte, **erfand** Melanie eine kleine Geschichte: Ihr Mini-Hai habe das Schulheft **zerrissen** und ihren Tintenfischstift gefressen.

„Ich kann mir nicht **vorstellen**, dass das stimmt!“, donnerte die Lehrerin, eine **erfahrene** Meerhexe. „Willst du mich für dumm **verkaufen**?“

Da wurde Melanie rot und gab zu, dass sie es **verschwitzt** hatte, die Hausaufgaben zu **erledigen**. Die Lehrerin **erzählte** alles ihrem Vater.

„So eine dumme Lüge!“, donnerte er. „Ist meiner klugen Tochter keine bessere Ausrede eingefallen?“

109 Wörter · diktiert am: ....................

## 98 Gefährliches Experiment

„Heute möchte ich Ihnen **vorführen**, was ich **erfunden** habe", sagt der **zerstreute** Professor Otto Schnackelbeck. Seine Stimme überschlägt sich voller **Vorfreude**. „Sie werden über das **Ergebnis** verblüfft sein", **verspricht** er und schaltet eine Maschine an. Ein riesiger Roboter taucht in dem **Vorführraum** auf. Er hat vier lange Arme, mit denen er plötzlich wild um sich schlägt. Der Wissenschaftler schaut ihn **verwirrt** an und kann sich dieses **Verhalten** nicht **erklären**. Will der Roboter den Raum **zerstören**? **Verzweifelt** versucht der Professor, die Maschine auszuschalten, doch der Roboter kommt ihm zuvor und **zerbeult** den **Apparat**. Im letzten Moment **verhindert** ein Zuschauer eine Katastrophe und zieht den Stecker. Nun sackt der Roboter in sich zusammen.

109 Wörter · diktiert am: ......................

# 4.2 Nachsilben

**Wörter mit den Nachsilben -chen und -lein**

Die Nachsilben **-chen** und **-lein** werden an Nomen angehängt.
Sie bezeichnen kleine Dinge (Brot – Brötchen, Mann – Männlein).

## 99 Ein interessantes Päckchen

Edna ist das **Nesthäkchen** in der Familie. An ihrem Geburtstag findet Edna ein altes **Büchlein** in einem **Päckchen**. Es heißt: Große Geheimnisse für kleine **Mädchen**. Was sie daraus wohl lernen wird?

31 Wörter · diktiert am: ......................

## 100 Warten auf die Befreiung

Die Ritterbrüder Knarz und Knurz sind betrübt. Ihr alter Feind Ritter Sauerbart hält sie gefangen. Im kalten Burgturm warten sie auf Rettung. Knarz bricht lustlos ein **Stückchen** von einem **Brötchen** ab. Knurz sitzt wie ein **Häuflein** Elend da. Doch was ist das? Er sieht durch das vergitterte **Fensterchen**. Da steht ihr Freund, der Ritter Löwenstark, mit seinem **Hündchen** Löwenzahn. Bald sind sie frei!

63 Wörter · diktiert am: ......................

**Ein Schritt, ein Buchstabe**
Einige Wörter findest du immer wieder schwierig? Laufe doch so ein Wort einfach mal ab. Schreibe dir das Wort auf ein Kärtchen und schau es dir gut an. Stecke dann das Kärtchen wieder weg. Buchstabiere nun das Wort laut vor dich hin. Bei jedem Buchstaben machst du einen Schritt. Kommst du nicht mehr weiter? Dann hole das Kärtchen wieder heraus und beginne von vorne. Du wirst sehen, bald läufst du deine Wörter ganz zügig ab!

**Wörter mit der Nachsilbe -ling**

Alle Wörter mit der Nachsilbe **-ling** sind Nomen. Du schreibst sie groß.

## 101 Schmetterlinge im Bauch

Susanna ist verliebt – in ihr neues Pferd! Ihr süßer **Schützling** Sturmpfeil ist erst im letzten **Frühling** geboren. Wenn sie ihn sieht, hat sie viele **Schmetterlinge** im Bauch. Sturmpfeil ist ein **Zwilling**, was bei Pferden sehr selten ist. Seine Schwester Windblüte ist der zweite **Neuankömmling** auf dem Sommerhof.

47 Wörter · diktiert am: ......................

## 102 Siebenmeter

„Was für ein **Fiesling**!" Der Gegner hatte Tom mit der Hand im Gesicht getroffen. Sofort entschied der Schiedsrichter auf Siebenmeter gegen den **Feigling**. Tom nahm den Ball und konzentrierte sich auf den Torwart. Er stellte ihn sich als **Winzling** vor und versenkte den Ball sicher im Tor.

48 Wörter · diktiert am: ......................

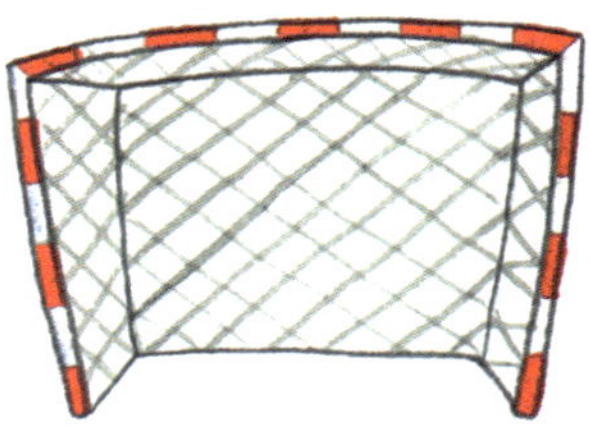

**Wörter mit den Nachsilben -heit, -keit, -nis und -ung**

Wörter mit diesen Nachsilben sind Nomen, die **großgeschrieben** werden. Ein Tipp: Bildest du von Wörtern auf **–nis** die Mehrzahl, musst du **ss** schreiben (Zeugnis – Zeugnisse).

## 103 Ein Ärgernis für Hexe Pia

Hexe Pia schäumte vor **Empörung**. Da war sie heute Morgen voller **Heiterkeit** und **Fröhlichkeit** aufgestanden, hatte sich gesonnt und war eine Runde im See getaucht. Sie wollte den Tag draußen verbringen, Johannisbeeren schälen, Spinnenbeine trocknen und Fischaugen hacken. Aber nein – ohne **Vorwarnung** wurde es plötzlich kalt und dunkel! Eine magische **Sonnenfinsternis** brach herein. Mit **Sicherheit** hatte sich die Wetterhexe Otta wieder beim Zaubern versprochen. So eine magische **Dunkelheit** konnte Wochen dauern! Da half nur eins: Ins Haus gehen, die **Heizung** anmachen und ein spannendes Buch lesen.

85 Wörter · diktiert am: ......................

## 104 Finstere Nacht

In der **Abgeschiedenheit** seines Schlosses blickte der Vampir zum Himmel. Die **Mondfinsternis** sorgte für perfekte **Dunkelheit**. Diese Nacht bot ihm die **Möglichkeit**, seine **Planung** ohne Sorgen vor einer **Verletzung** zu Ende zu bringen. Bis in alle **Ewigkeit** würde er in der Gegend sein Unwesen treiben. Doch plötzlich tauchten Dorfbewohner auf, die **Kenntnis** von seinen Plänen erlangt hatten. Der Vampir wehrte sich und kämpfte um seine **Freiheit**, aber schließlich überwältigten ihn die Bauern und warfen ihn in ein **Gefängnis**, auf das bald die Sonne scheinen würde.

85 Wörter · diktiert am: ......................

**Nomen zaubern**
Du und dein Partner denkt euch jeweils 10 Adjektive aus. Schreibt sie auf ein Blatt Papier und tauscht dann eure Blätter aus. Versucht nun aus jedem Adjektiv ein Nomen zu bilden. Manchmal helfen euch dabei die Endungen **-heit, -keit, -nis** und **-ung**. Wer am schnellsten zaubern kann, gewinnt!

**Wörter mit den Nachsilben -ig, -isch, -lich und-los**

Mit den Nachsilben **-ig, -isch, -lich, -los** können Adjektive gebildet werden. Die Endungen **-ig** und **-lich** sind nicht immer gut zu unterscheiden. Verlängerst du das Wort (fröhlich – das fröhliche Mädchen, lustig – die lustige Fee), dann hörst du deutlich, wie du es schreiben musst!

## 105 Tierische Rekorde

Der schnellste Vogel ist der Wanderfalke, der mit 184 Stundenkilometern **zügiger** als manches Auto unterwegs ist. **Richtig gemächlich** bewegt sich das Faultier: In einer Stunde kommt es nur 120 Meter weit. Das kleinste Säugetier ist die Hummelfledermaus. Dieser **winzige** Flieger ist nur zwei Gramm schwer und drei Zentimeter lang. Dabei pocht sein Herz **unglaubliche** 1000-mal pro Minute. Geradezu **endlos** erscheint dagegen der Blauwal: Er ist mit 25 Metern Länge das größte Tier der Erde.

74 Wörter · diktiert am: ......................

## 106 Auf der Raumstation

**Freudlos** blickte der Raumfahrer aus dem Fenster. **Ehrgeizig** hatte er darauf hingearbeitet, ins **amerikanische** Raumfahrtprogramm aufgenommen zu werden, und nun reagierte er **allergisch** auf die Schwerelosigkeit. Warum war er so **empfindlich**? Das sah ihm gar nicht **ähnlich**. Der **russische** **Kosmonaut** näherte sich ihm **schwerelos**. **Zweifellos** wollte er ihn trösten.
„Das wird schon wieder", beruhigte ihn der **Kosmonaut**. „Auch mir ist es anfangs nicht anders ergangen."
**Halbherzig** nickte der Raumfahrer. **Wahrscheinlich** hatte sein Kollege Recht. Doch bis es ihm besser ging, würde er sich **lustlos** fühlen.

85 Wörter · diktiert am: ......................

**Wörter mit der Nachsilbe -ieren**

Die meisten deutschen Verben enden in der Grundform auf **-en** (machen, sagen, schlafen) oder **-n** (klappern, poltern). Einige Verben haben aber die Nachsilbe **-ieren** (marschieren, telefonieren).

## 107 Spaß mit den Springseil

Du solltest einmal diese Sprünge **ausprobieren**: Hüpfe wie ein Storch auf einem Bein oder schwinge das Seil zweimal unter den Füßen durch.

Oder aber ihr stellt euch nebeneinander in das Seil, fasst euch an den Händen und haltet jede ein Seilende. Jetzt müsst ihr euch **konzentrieren**. Springt vorwärts, rückwärts, im Storchengang und doppelt. Nur ein bisschen **trainieren** müsst ihr dafür. Eure Zuschauer werden begeistert **applaudieren**!

Übrigens: Wenn die Enden des Springseils ausfransen, kannst du es ganz leicht **reparieren**. Mache einen festen Knoten hinein. Dann wird es sich nicht weiter auflösen.

90 Wörter · diktiert am: ......................

## 108 Bildbearbeitung

Kai wollte das neue Bildbearbeitungsprogramm **ausprobieren**. Sein großer Bruder kam jedoch ins Zimmer und teilte ihm mit, dass Papa mit ihm **telefonieren** wollte. Sein Vater wollte ihm zum Geburtstag **gratulieren**. Als Kai aufgelegt hatte und wieder am Computer saß, fiel es ihm nicht leicht, sich zu **konzentrieren**. Warum war Papa auf seinem Geburtstag auf Geschäftsreise? Dann sah Kai auf einem der Bilder im Hintergrund ein blauhaariges Monster einen Baum **beschmieren**. War es Kai gelungen, dieses Wesen unabsichtlich zu **fotografieren**? Das unterdrückte Grinsen seines Bruders verriet ihm die Wahrheit. Er hatte das Bildbearbeitungsprogramm genutzt, um ihn zu **schockieren**. Mit einer Taste ließ sich das Monster **wegradieren**.

105 Wörter · diktiert am: ......................

**Wörter mit der Nachsilbe -tion**

Wörter mit der Nachsilbe **-tion** sind Nomen und werden groß-geschrieben. Es handelt sich dabei meistens um Fremdwörter.

## 109 Eine funkelnde Party-Sensation

Lade deine Freunde zu einer **Bastelaktion** ein. Mit dieser **Dekoration** wird deine Geburtstagsparty zu einem glitzernden Traum.

Schneidet aus Spiegelfolie (oder Alufolie, die ihr auf Pappe klebt) fünf verschieden große Dreiecke aus. Stecht ein Loch in die Spitze des größten Dreiecks und zieht einen Faden hindurch. Piekst ihn durch den Boden des nächstkleineren Dreiecks und verknotet ihn gut. Hängt so alle Dreiecke der Größe nach untereinander.

Schneidet nun noch Kreise, Rechtecke, Quadrate und Ovale aus und hängt sie genauso auf: Das wird eine richtige **Schönheitsoperation** für dein Zimmer!

Toll sieht die Bastelei in **Kombination** mit einer farbigen Lampe aus, die buntes Licht auf die Spiegel wirft.

106 Wörter · diktiert am: ......................

## 110 Vereitelter Überfall

Die **Geheimorganisation** hatte die **Operation** lange geplant. Sie war auf jede **Situation** vorbereitet. Von verschiedenen **Positionen** aus wurde die **Aktion** beobachtet. Der letzte Fehlschlag war für sie eine schmerzhafte **Lektion** gewesen, aus der sie viel gelernt hatten.
Schließlich tauchte ihr Agent auf. Er hatte die **Funktion** des Bankdirektors übernommen und ging zur Tür. Als er die **Kombination** für das Schloss eingab, näherten sich ihm schnell zwei Männer und bedrohten ihn. Doch mit der folgenden **Reaktion** hatten sie nicht gerechnet. Aus dem Nichts tauchten weitere Agenten auf. Blitzschnell waren die Männer überwältigt.

91 Wörter · diktiert am: ......................

**Wie heißt das Gegenteil?**
Suche Adjektive aus diesem Buch heraus. Schau dir jedes Wort an und überlege, wie das Gegenteil zu diesem Wort heißt. Schreib deine Wörter auf.
**Beispiel:**
dick – dünn,
klug – dumm,
groß – klein ...

# 5. Zusammengesetzte Wörter

**Zusammengesetzte Nomen**

Man kann neue Nomen bilden, wenn man zwei oder mehr Nomen zusammensetzt (Fest + Zelt → Festzelt, Geburtstag + Fest + Zelt → Geburtstagsfestzelt). Wie alle Nomen werden sie **großgeschrieben**. Um ein solches zusammengesetztes Wort besser aussprechen zu können, **fügt** man manchmal ein **s** zwischen die zwei Wörter ein. Ein sogenanntes **Fugen-s** (Geburtstag**s**feier).

## 111 Abenteuer im Märchenbuch

Gundi und Ulla sind **Zwillingsschwestern**. Sie lesen sich jeden Abend etwas vor. Dabei werden sie zu **Einhornreiterinnen** und **Feenköniginnen**. Sie kämpfen mit **Nachtriesen** und **Wolfsratten**. Dann kuscheln sich Gundi und Ulla in ihre **Bettdecken** und schlafen erschöpft ein.

38 Wörter · diktiert am: ......................

## 112 Lena liebt ihren Namen

Das **Zaubererkind** Lena schlüpfte aus einem **Drachenei**: Sie ist ein **Dracheneizaubererkind**. Und wegen ihrer dunklen Haare heißt Lena auch: **Nachthaardracheneizaubererkind**. Lena selbst findet, dass Lena lang genug ist.

28 Wörter · diktiert am: ......................

## 113 Letzte Vorbereitungen

Der **Hexenmeister** hielt seinen **Zauberstab** über den **Kupferkessel** und murmelte einen **Zauberspruch**. Die grüne Flüssigkeit zischte und brodelte. In wenigen Stunden begann das **Sonnenfinsternisfest** und der **Hexenmeister** würde seinen Gästen ein **Überraschungsgetränk** bieten, mit dem sie sich alle für einige Stunden in **Ameisenmenschen** verwandeln konnten.

45 Wörter · diktiert am: ....................

## 114 Die kaiserliche Armee

Die **Kriegsarmee** der **Samurai** war für die **Verteidigungsschlacht** des Kaisers gut vorbereitet. Die Männer trugen ihre **Schutzrüstungen** und hielten ihre **Kampfschwerter** in die Höhe. Mit lauten **Schlachtrufen** trieben die **Samurai** ihre Pferde an. Schon ihr Anblick genügte, um den Feind in die Flucht zu schlagen.

45 Wörter · diktiert am: ....................

**Zusammengesetzte Nomen**

Man kann **zwei, drei oder mehr Nomen** zu einem einzigen langen Nomen **zusammensetzen**.

## 115 Pias Tagesplan

Prinzessin Pia geht im **Schlossgarten** spazieren. Das muss sie jeden Tag tun, denn ihr **Kindermädchen** hält frische Luft für gesund. Was für ein **Wahnsinnsärgernis**! Pia will lieber selbst entscheiden, was sie den ganzen Tag tut.

Morgens möchte sich Pia in ihre fünf **Bettdecken** kuscheln und eine heiße **Sahneschokolade** trinken. Später möchte sie am helllichten Tag eine **Pyjama-Party** mit vielen Freunden feiern. Dazu gehört natürlich ein **Picknick** im Bett! Für den Nachmittag wünscht sich Pia einen **Geschichtenvorleser**, der sie und ihre Freunde auf abenteuerliche **Gedankenreisen** schickt. Und am Abend möchte sie dann nur noch todmüde in ihr Bett fallen.

98 Wörter · diktiert am: ......................

## 116 Im 23. Jahrhundert

Das riesige **Raumschiff** war noch an der **Startrampe** befestigt, als plötzlich die **Alarmsirenen** ertönten. Auf dem **Radarschirm** war eine feindliche Flotte der außerirdischen **Raumjäger** zu erkennen. Schnell wurden die **Treibstoffraketen** gestartet und die **Befestigungshaken** der **Startrampe** weggesprengt. Das **Raumschiff** schoss in die Höhe. Es dauerte nur wenige **Augenblicke**, bis es das **Weltall** erreicht hatte. Nun nahm es mit **Lichtgeschwindigkeit** die Spur der Außerirdischen auf.

64 Wörter · diktiert am: .....................

**Treppendiktat**
Gibt es bei dir zu Hause eine Treppe? Super, dann kannst du dich gleich locker machen. Suche 10 Diktatwörter aus dem oberen Diktat heraus und schreibe sie auf Kärtchen. Lege sie dann auf den Stufen aus. Das schwierigste Wort legst du auf die Stufe, die am weitesten entfernt ist. So musst du dir das Wort besonders gut und lange merken. Gehe nun zur Treppe und merke dir das erste Wort auf der ersten Stufe. Gehe zurück in dein Zimmer und schreibe das Wort auf ein Blatt Papier. Wiederhole das Stufe für Stufe, bis du auch das schwierigste Wort aufgeschrieben hast. Sammle am Ende deine Kärtchen ein und vergleiche sie mit deinem Aufschrieb. Na, wie hat es geklappt?

**Zusammengesetzte Adjektive**

Auch Adjektive können **zusammengesetzt** werden. Dazu schreibst du einfach ein **Adjektiv, Verb oder Nomen vor ein anderes Adjektiv**: hell + rot → hellrot, Wunder + schön → wunderschön. Vergiss nicht, die neuen Adjektive **klein** zu schreiben!

## 117 Übernachtungsparty bei Susan

Lara und Pauline schlafen bei Susan. Sie machen das Zimmer **stockdunkel**. Im **hellblauen** Licht von Paulines Taschenlampe schimmern ihre Gesichter **leichenblass**. Mit ihren **blutrot** geschminkten Lippen sehen die Mädchen wie Vampire aus.

„Wir machen Geistermusik“, schlägt Susan vor. Auf Kämmen und Gummibändern erklingen **abgrundtief** schreckliche Töne.

„Das ist ja **sterbenslangweilig**!“, mault Lara. „Lasst uns essen. Wir haben **nachtschwarzen** Joghurt, **tiefblauen** Schimmelkäse und **eiskalten** Tee. Wer möchte etwas?“

Pauline klappert mit den Zähnen: „Mir ist **eiskalt** und ich bin **hundemüde**. Lasst uns schlafen.“ Zufrieden kriechen Lara, Pauline und Susan in ihre Betten.

91 Wörter · diktiert am: ....................

## 118 Der Informant

Es war eine **pechschwarze** und **bitterkalte** Nacht, in der ich unterwegs war. Zwei Stunden zuvor hatte mich ein unbekannter Mann telefonisch gebeten, zu der **dunkelgrünen** **Villa** der Familie Frankenstein zu kommen. Damit er mich **frühzeitig** erkennen konnte, sollte ich ein gestreiftes Hemd, eine **moosgrüne** Jacke und **hellblaue** Schuhe tragen. Da ich bei diesem Fall nicht vorwärtskam, ließ ich mich auf das Treffen am **wunderschönen** Wohnsitz der **neureichen** Familie ein. Doch mein Informant erschien nicht. Stattdessen wurde zur gleichen Zeit mein Büro von Einbrechern ausgeräumt. Wie **tolldreist** sie mich hereingelegt hatten!

84 Wörter · diktiert am: ......................

**Verbindungen aus Verben**

Manchmal gehören **zwei Verben** vom Sinn her fest zusammen. Sie werden aber trotzdem **getrennt geschrieben** (liegen lassen).

## 119 Prinzessin Filomena und das Drachenei

Prinzessin Filomena wacht früh auf. Soll sie noch ein wenig im Bett **liegen bleiben** oder lieber frühstücken? Ihre Mutter hat Eier und Speck zubereiten lassen – lecker!

Filomena packt ihre Sachen und läuft zum See. Sie will **singen üben** und das macht sie dort am liebsten, denn dort hört sie niemand. Am Ufer findet sie etwas Glitzerndes – ein von Diamanten bedecktes Drachenei! Filomena hält den Atem an. Eine Drachin hat es bestimmt **fallen lassen**, als sie vom Schwimmen kam! Filomena versteckt sich im Gebüsch. Bald hört sie bebende Schritte. Da kommt eine riesige, grün schimmernde Drachendame, spuckt Feuer auf das glitzernde Ei und trägt es davon.

Filomena überlegt kurz. Soll sie hinter dem Busch **sitzen bleiben** oder die Drachin verfolgen?

119 Wörter · diktiert am: ..................

## 120 Ein anstrengender Urlaub

Eigentlich hörte sich zu Beginn alles super an. In den Sommerferien wollten wir Urlaub an der Ostsee machen. Als wir nach acht Stunden Autofahrt endlich ankamen, wollten meine Schwester Maja und ich nur noch unsere Koffer **fallen lassen** und **schlafen gehen**. Wir waren todmüde. Am nächsten Tag stellte sich heraus, dass wir alle ganz unterschiedliche Vorstellungen von Urlaub hatten. Unsere Eltern wollten jeden Tag stundenlang **spazieren gehen**. Wie langweilig! Maja wollte entweder am Strand liegen und dort die Jungs aus dem Ort **kennen lernen** oder **einkaufen gehen**. Und ich? Ich wollte meinen brandneuen Drachen **steigen lassen**, aber tagelang gab es keinen Wind. Die Flaute war natürlich erst an dem Tag vorbei, an dem wir abreisen wollten. Aber für ein paar Stunden reichte es dann noch. Und ich hatte die volle Aufmerksamkeit der Jungs, die sich eigentlich für Maja interessieren sollten.

140 Wörter · diktiert am: ......................

**Zusammensetzungen aus Nomen und Verben**

Du weißt schon, dass man zwei Nomen zu einem neuen Wort zusammensetzen kann (S. 138). Auch aus Verben und Nomen kann man neue Wörter bilden (schreiben + Tisch → Schreibtisch).

## 121 Conni bei der Reitstunde

Endlich Mittwoch! Das ist Connis Lieblingstag, weil mittwochs ihre **Reitstunde** stattfindet. Nach der Schule zieht sie **Reithose** und **Reitstiefel** an. Mit dem **Fahrrad** saust sie zu den **Reitställen**.

Zuerst geht Conni in die **Putzkammer**. Dort werden die **Putzkästen** mit Bürsten, Striegeln und Hufkratzern aufbewahrt. Auch **Reitsattel** und Trense hängen hier. Conni striegelt das Fell von Benni, ihrem Lieblingspony, und sattelt ihn. Dann nimmt sie Benni am **Führstrick** und geht mit ihm in die **Reithalle**. Durch die halbe Bahn wechseln, durch die Länge der Bahn reiten – die **Reitlehrerin** gibt Conni und den anderen jede Menge schwierige Aufgaben. Conni und Benni sind richtig aus der Puste, als die Stunde vorbei ist.

109 Wörter · diktiert am: ......................

**Doppelt gemoppelt!**
Suche die Diktatwörter heraus, die mit einem **doppelten Konsonanten** geschrieben werden. Schreibe sie auf ein Blatt Papier und zeichne die Silbenbögen ein.

## 122 Sechs Schuss

Das **Kaufhaus** hatte sich für die jungen Besucher etwas Besonderes einfallen lassen: Wer beim **Torwandschießen** die meisten Treffer erzielte, gewann eine kostenlose Jahreskarte für das **Schwimmbad**.

Michael las beim **Schuhkauf** davon und überredete seine Mutter, dorthin zu gehen. Beim **Schlangestehen** erkundigte sich seine Mutter, wieso es diese Aktion gab. Das **Einkaufszentrum** feierte sein zehnjähriges Bestehen, erklärte ihr ein junger Mann.

Schließlich war Michael an der Reihe. Bevor er den ersten Ball schoss, trank er einen Schluck Limonade und stellte sich vor, es sei **Zielwasser**. Und tatsächlich half dieser Trick, denn Michael traf fünfmal und gewann den ersten Preis. Zuhause veranstaltete er deswegen eine prächtige Jubelfeier.

105 Wörter · diktiert am: .....................

**Zusammensetzungen aus Nomen, Verben und Adjektiven**

Du hast bereits gelernt, dass man **Nomen, Verben** und **Adjektive** zu **neuen Wörtern** zusammenfügen kann (S. 72 – 74). Hier kannst du alle diese Zusammensetzungen noch einmal üben

## 123 Ausflug in den Zoo

An einem **wunderschönen Sommertag** gehen Anna und Tim in den neuen **Stadtzoo**. Sie bestaunen die **riesengroßen** Giraffen, die **meterlange** Schlange und die **klitzekleinen Wüstenmäuse**. Lustig ist der **steinalte** Affe des Zoos. Er hat gerade seine Banane **fallen lassen** und ärgert sich. Plötzlich wird der Himmel **dunkelgrau** und dicke **Regentropfen** klatschen auf den Boden.

**Blitzschnell** laufen Anna und Tim ins **Kaffeehaus** des Zoos. Dort setzen sie sich in eine kuschelige **Sitzecke**. Während draußen das **Sommergewitter** mit **hellgrellen** Blitzen und lauten **Donnerschlägen** tobt, trinken die beiden eine heiße **Trinkschokolade**. Wie gemütlich!

89 Wörter · diktiert am: ......................

Bastel dir deinen Haarschmuck selbst – so wie im Diktat beschrieben oder ganz anders! Bestimmt hast du noch viel mehr Ideen ...

## 124 Der Schrecken der Meere

**Blitzschnell** tauchten die **Seeräuber** am Horizont auf und hissten ihre **Totenkopfflagge**. Das **Marineschiff** des englischen **Königshauses** konnte trotz seiner schweren Bewaffnung nichts tun. Schließlich schwenkten die Matrosen **angstvoll** die weiße Flagge als Zeichen der Aufgabe. Ein **verhängnisvoller** Ruf eilte den Piraten voraus. Jeder **Seemann** wusste, dass es der **Piratenkapitän faustdick** hinter den Ohren hatte. Er kannte das **Karibikmeer** wie kein anderer und nutzte sein Wissen, um **reichhaltig** Beute zu machen. Wer nicht **rechtzeitig** aufgab, dessen Schiff wurde zu **Brennholz kleingeschossen**. Doch dieses Mal erlebte der **Piratenkönig** eine böse Überraschung. Kaum hatte er das feindliche Schiff betreten, wurden er und seine **Gefolgsleute** von einer unter dem **Schiffsdeck** wartenden Armee überwältigt.

109 Wörter · diktiert am: ......................

# 6. Gleichklingende Wörter und Silben

**seid und seit**

Die beiden Wörter klingen genau gleich, werden aber unterschiedlich geschrieben. **Seid** kommt vom Verb **sein** (er ist, wir sind, ihr seid). **Seit** hingegen ist eine Präposition und bezeichnet ein zeitliches Verhältnis (seit gestern, seit einer Stunde).

## 125 Ungeduldiges Warten

Melli wartet schon **seit** 30 Minuten auf Maja und Lela. „**Seid** ihr verrückt geworden?“, schimpft Melli. „Ich warte schon **seit** Stunden!“„Ich wette, du warst selber zu spät“, meckert Lela. „Immer **seid** ihr so gemein!“, sagt Maja. „Los, vertragt euch wieder.“

40 Wörter · diktiert am: ......................

**Wörter-Silben-Merkspiel**

Nehmt ein Blatt Papier und schneidet es in 16 gleich große Teile. Nun zeichnet Silbenbögen auf die Hälfte der Karten: 2 Karten bekommen je 1 Silbenbogen, 2 Karten 2 Silbenbögen, 2 weitere bekommen 3 Silbenbögen und die letzten beiden erhalten je 4 Silbenbögen. Sucht nun aus den Diktaten für die 2. Klasse Wörter aus, deren Silbenanzahl zur Anzahl der Silbenbögen auf den Karten passt. Schreibt die Wörter auf die leeren Karten. Wenn ihr die Karten umdreht und mischt, habt ihr ein Merkspiel. Wer zu einem Wort das passende Silbenbogenkärtchen gefunden hat, hat ein Paar. Und wer die meisten Paare aufdecken konnte, hat gewonnen.

## 126 Die Standpauke

„Ihr **seid seit** einer Stunde überfällig“, beschwerte sich der Trainer bei seinen beiden wichtigsten Spielern. „Nur weil ihr die besten **seid**, dürft ihr nicht machen, was ihr wollt.“ Wie hätte er auch wissen sollen, dass sie **seit** dem frühen Morgen für das Pokalfinale trainiert und dabei die Zeit vergessen hatten?

50 Wörter · diktiert am: .......................

**Mann und man**

Der **Mann** mit **nn** ist das Gegenstück zur Frau (Mein Papa ist ein starker Mann.). **Man** mit **n** kannst du statt **alle** oder **viele Menschen** benutzen (Alle feiern Weihnachten. ➜ Man feiert Weihnachten.).

## 127 Tabea und der graue Magier

Endlich stand Tabea dem grauen Magier gegenüber. Das war ein großer **Mann** mit hellem Haar und eisblauen Augen. So viel hatte **man** von ihm erzählt! Sein Gehilfe war ein kleiner, dicker **Mann**. **Man** spürte, wie viel Angst er vor seinem Meister hatte. Gespannt wartete Tabea, bis der Magier sie ansprach.

50 Wörter · diktiert am: ......................

## 128 Roboterhilfe

In ferner Zukunft wird **man** einen echten **Mann** nicht mehr von einem Roboter unterscheiden können. Die Forscher arbeiten fleißig. Bald werden Roboter wie **Mann** und Frau aussehen. In vielen Jahren wird **man** sich nicht mehr daran erinnern, wie **man** früher die Arbeit ohne Hilfe der Roboter geschafft hat.

48 Wörter · diktiert am: ......................

**Paar und paar**

Das Wort **Paar** steht für zwei Dinge oder Menschen, die zusammengehören (ein Paar Schuhe, ein Paar Socken). Du schreibst es immer groß. Dagegen bezeichnet das Wort **paar** eine unbestimmte Anzahl und wird immer kleingeschrieben (Willst du etwas lernen? Schreibe ein paar Diktate!).

## 129 Auf dem Reiterhof

Tanja und Anja sind beste Freundinnen. Letzten Sommer waren sie ein **paar** Tage auf einem Reiterhof. Dort haben sie alles gemeinsam getan: striegeln, ausmisten, satteln. Bald sagten alle: Tanja und Anja sind ein unzertrennliches **Paar**.

35 Wörter · diktiert am: ......................

## 130 Eine dicke Belohnung

Der Polizist zeigte auf ein **paar** Fotos, die auf seinem Schreibtisch lagen. „Und du bist dir sicher, diese zwei gesehen zu haben?“Jan nickte aufgeregt. Seine Beobachtung würde das diebische **Paar** überführen. Bestimmt bekam er dafür zur Belohnung ein **paar** Kugeln Eis.

42 Wörter · diktiert am: ......................

**end- und ent-**

Die Silbe **end-** kommt vom Wort **Ende** (endlich, endgültig, beenden). Die Vorsilbe **ent-** dagegen hat nichts damit zu tun (Entschuldigung, entschließen). Immer wenn du ein Wort nicht von **Ende** ableiten kannst, schreibst du es mit **ent-.**

## 131 Der Schulwettkampf

Leonie und Svenja trainieren für den Schulwettkampf: 50-Meter-Lauf, Weitsprung, Werfen. **Endlich** ist der große Tag da. Svenja ist schrecklich aufgeregt und möchte am liebsten zuhause bleiben.

„Ich sage einfach, ich habe eine **Mittelohrentzündung**", **entscheidet** sie sich.

Doch Leonie macht ihrer Freundin Mut. „Du schneidest bestimmt super ab! Komm jetzt, es gibt keine **Entschuldigung**!", sagt sie **entschlossen**.

Zuerst steht der 50-Meter-Lauf an. Svenja sprintet, legt einen tollen **Endspurt** hin und ... ja! Sie gewinnt den Lauf!

75 Wörter · diktiert am: ......................

## 132 Außenseiter gegen Favorit

Das **Endspiel** um den Tennispokal **entschied** sich erst in der **Endminute** des letzten Satzes. **Entgegen** den Erwartungen hielt der Außenseiter Gewinnnix gut mit und gewann den ersten Satz. Der zweite Satz ging dann aber an seinen **Endspielgegner** Haudrauf. Im dritten Satz war wieder alles ausgeglichen. Als der Schiedsrichter bei einem knappen Ball auf Aus **entschied**, stöhnte Haudrauf **entnervt** auf. Plötzlich war er mit seiner Kraft am Ende. Ein leichter Fehler besiegelte kurz darauf seine Niederlage. **Enttäuscht** gratulierte Haudrauf dem siegreichen Gewinnnix.

81 Wörter · diktiert am: ......................

**wieder und wider**

Diese beiden gleichklingenden Wörter kannst du unterscheiden, wenn du an ihre Bedeutung denkst. **Wieder** hat oft die Bedeutung von **noch einmal**, **erneut** (wiederkommen, Wiederholung). **Wider** hingegen bedeutet **gegen** (widersprechen, Widerstand).

## 133 Wanja muss lernen

Wanja die Waldfee besucht mal **wieder** ihre Tante Waltraut. Tante Waltraut ist sehr streng. „Hast du schon deine Hausaufgaben gemacht?“, fragt sie.

„Ja“, sagt Wanja. „Klettern, Baumpflege, ich habe alles erledigt.“

„Auch Menschenkunde?“

„Menschenkunde ist so öde!“, seufzt Wanja.

Tante Waltraut schüttelt **wiederholt** den Kopf. „Menschenkunde ist ein sehr wichtiges Fach! Du lernst jetzt gleich, hier in meinem Baumhaus! Keine **Widerrede**!“

**Widerwillig** setzt sich Wanja an den Schreibtisch und büffelt Menschenkunde. Und das, wo heute die Waldtümpel so **unwiderstehlich** in der Sonne funkeln!

83 Wörter · diktiert am: ......................

## 134 Eine anstrengende Diskussion

„Das Ende der Dinosaurier wurde von einem **Meteoriteneinschlag** eingeläutet“, **wiederholte** der Professor geduldig. „Das ist ja **widersinnig**“, **widersprach** der altkluge Student Besserwissi. „Die gigantischen Fürze der Dinosaurier haben die Luft verpestet. Daran sind alle Dinosaurier eingegangen.“ **Wieder** einmal musterte der Professor seinen Studenten fassungslos, doch Besserwissi fuhr unbeirrt fort. „Das ist **unwiderlegbar**.“

„Schade, dass ich Ihre Zulassung für meinen Kurs nicht **widerrufen** kann“, **erwiderte** der Professor. „Das ist ja mal **wieder** haarsträubend!“

72 Wörter · diktiert am: ......................

**Wort-Mahlzeit**
Gibt es ein Wort, bei dem du dich immer wieder verschreibst und dir einfach nie sicher bist? So kannst du es dir besser merken: Buchstabiere das Wort jedes Mal vor dem Essen. Stelle dir dabei ganz genau vor, wie es aussieht. Wenn dir dabei sogar noch jemand zuhört, weißt du gleich, ob es diesmal geklappt hat. Guten Appetit!

**Herr und her**

Das Nomen **Herr** benutzt man als **Anrede** (Herr Meier) oder anstelle des Wortes **Mann** (ein netter alter Herr). Es steckt auch in längeren Wörtern, die etwas mit **Personen** zu tun haben: Herrin, Herrschaft. Das Wörtchen **her** beschreibt meist eine **Bewegung** auf etwas zu (Gib her! herkommen).

## 135 Ein herrlicher Tag

Vanessa macht Urlaub auf dem Bauernhof. Dort ist es einfach **herrlich**.

Am ersten Morgen läuft Vanessa auf dem Hof **herum** und schaut alles an. Die Ziegen, ihre Lieblingskuh Rosa – alle sind noch da.

„Vanessa, komm schnell **her**!“, ruft der Bauer, **Herr** Müller. „Katze Minka hat Junge bekommen, willst du sie streicheln?“

„Oh, süß!“, sagt Vanessa und nimmt ein Kätzchen auf den Arm. Sie will das flauschige Wesen am liebsten nie wieder **hergeben**.

72 Wörter · diktiert am: ......................

## 136 Die silberne Münze

„Komm doch mal **her**“, rief mir der alte **Herr** zu. Seine Stimme klang **herausfordernd**. Fast so, als wäre ich zu feige, seiner Aufforderung zu folgen. Ich schaute neugierig zu ihm **herüber**. Dann sah ich ihn eine silberne Münze aus der Hosentasche **herbeizaubern**. „Diese Münze verschafft dir die **Herrschaft** über die Welt. Dafür musst du nur zwei Flaschen Wasser aus dem Supermarkt **herholen**.“

Nach einigen Sekunden der Überraschung lachte ich laut auf. „**Herrlich**! Aber Sie müssen doch nicht **herumalbern**, nur damit ich Ihnen helfe.“

83 Wörter · diktiert am: ......................

**Uhr und ur-**

Armband**uhren** und Küchen**uhren** – die kennst du bestimmt! Hier darf das **h** in der **Uhr** nicht fehlen. Anders die **Vorsilbe ur-**, die immer etwas mit **alt** oder **lange zurückliegend** zu tun hat (uralt, Urgroßvater, Urknall).

## 137 Die Uhr im Urwald

Helgas Opa ist **Uhrmacher**. Deswegen gibt es bei ihr zu Hause viele Zeitmesser: goldene **Taschenuhren**, lustige **Kuckucksuhren** und genau gehende **Stoppuhren**. Helga weiß immer, wie viel **Uhr** es gerade ist.

Auch Helgas **Uropa** hat schon **Uhren** gebaut und repariert. Doch heute ist er **uralt** und kann nicht mehr gut sehen. Dafür erzählt er tolle Geschichten von den **Ureinwohnern** im afrikanischen **Urwald**. **Ursprünglich**, sagt **Uropa**, wohnten dort gefährliche Ungeheuer und wilde **Urmenschen**, die ihn entführen und aufessen wollten!

Mit **Uropa** ist es immer lustig.

83 Wörter · diktiert am: ......................

**Ab in die Urzeit!**
Jetzt darfst du in die Vergangenheit eintauchen. Schreibe aus dem Diktat alle Verben heraus, die in der Gegenwart stehen. Bilde nun zu jedem Verb die richtige Vergangenheitsform und schreibe sie daneben:
Beispiel: es ist ➜ es war.

## 138 Die Zeitreisemaschine

Peter blickte auf seine **Uhr**. Gleich würde er mit seiner Zeitreisemaschine in die Vergangenheit reisen und endlich den **uralten** Fehler seines **Urahnen** Dumpfkopf korrigieren. Er stieg in seine Zeitmaschine und machte es sich bequem. Sein **Urgroßvater** würde staunen, wenn er ihm begegnete und ihn vor der verhängnisvollen Wette mit dem fiesen **Uhrmacher** warnte. Da bemerkte Peter, dass die **Maschinenuhr** zu schnell lief. Bevor er eingreifen konnte, war das Unglück passiert. Die Maschine zischte und blitzte und schickte ihn zurück auf den **Urkontinent** der Erde.

84 Wörter · diktiert am: ......................

### Saite und Seite

Diese beiden Nomen klingen gleich. **Meistens** brauchst du die **Seite** mit **ei** (Dieses Buch hat 320 Seiten; auf der anderen Straßenseite). Die **Saiten** mit **ai** erklingen in vielen **Musikinstrumenten** (Geigen, Gitarren, Harfen und Klaviere haben lange, dünne Saiten.).

## 139 Insas erstes Vorspiel

Insa lernt Geigespielen. Vor ihrem ersten Vorspiel in der Musikschule ist sie sehr aufgeregt.

Insa nimmt ihre Geige und stimmt die **Saiten**. Autsch, das klingt aber schräg! Nun sucht sie die richtige **Seite** im Notenbuch. Da steht nicht ihr Lied! Ist es die falsche **Seite**? Oder das falsche Buch? Insa durchwühlt ihre Tasche und findet das Buch, das sie braucht. Sie blättert die **Seite** auf. Dann streicht sie mit dem Geigenbogen über die **Saiten**. Ihr Lied erklingt.

Als Insa fertig ist, klatschen die Zuschauer begeistert.

85 Wörter · diktiert am: ......................

## 140 Die Beschwörung der Dämonen

„Geh **beiseite**“, zischte der Zauberer und trat den Kobold mit der harten **Seite** seiner Schuhe.

„Sie dürfen nicht auf die böse **Seite** wechseln“, bat ihn der Kobold.

An der **Seite** des Zauberers stand die Zauberharfe. Er zupfte an ihren **Saiten** und lauschte. Von allen **Seiten** war plötzlich mächtiges Gebrüll zu hören. Die Dämonen machten sich auf den Weg zu ihm. Kurz darauf musste der Zauberer feststellen, dass das Zupfen der **Harfensaiten** sein größter Fehler gewesen war. Aber da war es bereits zu spät für ihn.

85 Wörter · diktiert am: ....................

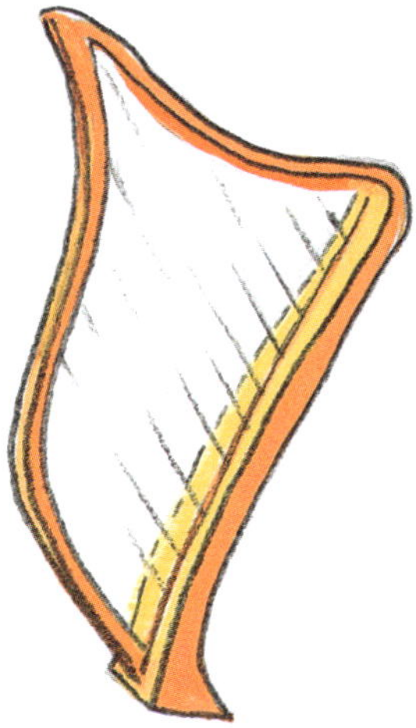

**viel und fiel**

Diese beiden Wörter klingen gleich, werden aber am Anfang unterschiedlich geschrieben. Damit du sie richtig schreibst, achte auf diese Unterscheidung: **Viel** heißt **eine Menge** (Iss viel Obst und Gemüse!) und wird mit **v** geschrieben. **Fiel** kommt von **fallen** und wird mit **f** geschrieben (Der Frosch fiel die Treppe runter.).

## 141 Sinas Sommerfeier

Heute hatte Sina **viel** zu tun: Kuchen backen, Girlanden ausschneiden, Blumen pflücken, Tische decken – alles für ihre Sommerfeier! Sina ergriff die Teller, Becher und **viele** Strohhalme und lief damit in den Garten. Plumps! Ihr **fiel** ein Teller aus der Hand. Danach ging sie auf den Balkon, um Laternen aufzuhängen. Schnell wieder nach unten, der Kuchen war fertig! Sina übersah eine Stufe und **fiel** mit Gepolter die Treppe hinunter. Aua! Wenn ihr das nur heute Nachmittag nicht passierte!

Doch Sinas Fest wurde wunderschön. Der Garten war himmlisch geschmückt, **viele** Freunde kamen und Sina **fiel** auch nicht mehr hin!

97 Wörter · diktiert am: .......................

## 142 Olympischer Wettbewerb

Dicke Regentropfen **fielen** vom Himmel herab. Warum musste es ausgerechnet heute so **viel** regnen, ärgerte sich der Bogenschütze. Die letzten Monate hatte er **viel** trainiert, aber fast immer hatte dabei die Sonne geschienen. Der Schütze konzentrierte sich auf seinen letzten Schuss. Noch war im Finale alles möglich. Er konnte die Goldmedaille gewinnen, aber mit einem schlechten Ergebnis **fiel** er auf den vierten Platz zurück. Seine **Konkurrenz** hatte ihn mit **vielen** guten Treffern unter Druck gesetzt. Mit **viel** Kraft zog er die Bogensehne zurück und löste den Schuss. Als er sah, dass er die höchste Punktzahl getroffen hatte, **fiel** er glücklich zu Boden und riss die Arme hoch.

107 Wörter · diktiert am: ......................

**leeren und lehren**

Diese Wörter sind knifflig, denn beide klingen gleich. Die **Lehrerin** in der Schule **lehrt** dich schreiben und lesen. Alle Wörter die etwas mit **lehren** zu tun haben, schreibst du mit **h**. Wenn du dagegen etwas **ausleerst** oder **leer** machst, schreibst du **ee**. Du musst also scharf nachdenken, was gemeint ist!

## 143 Hanna mistet aus

„Reiten ist ja ganz schön“, denkt Hanna, „aber die viele Arbeit davor und danach.“ Schwitzend schaufelt sie eine volle Mistgabel nach der anderen in die Schubkarre. Dann schiebt sie das schwere Gefährt zum Misthaufen und **leert** das schmutzige Stroh aus. Anschließend kehrt Hanna in den Stall zurück und mistet weiter aus: Aufladen, wegfahren, **ausleeren**, so geht das nun schon seit Stunden. Hannas Arme sind bleischwer und ihr Kopf ist so **leer** wie die sauberen Boxen.

Da kommt die **Reitlehrerin** die Stallgasse entlang. „Mensch, Hanna, mach mal eine Pause!“, sagt sie. „Komm, zur Belohnung **lehre** ich dich ein wenig Springreiten. Das wolltest du doch schon lange lernen, oder?“

105 Wörter · diktiert am: ......................

## 144 Im Unterricht

„Ich weiß nicht, wie ich es euch sonst **lehren** soll“, sagte der **Lehrer** Breitschädel. Seine Stimme klang beinahe verzweifelt. Er stand auf und **leerte** seine Taschen. Zwei Taschentücher und eine **leere** Packung Kaugummi landeten im Mülleimer. „Also gut. Versuche ich noch einmal, euch die Sache zu erklären.“ Breitschädel seufzte. „Wenn der Treibstofftank eines Raumschiffs **leer** ist, wird es sich trotzdem fortbewegen, denn schließlich bewegt sich auch die Erde um die Sonne, ohne über einen Antrieb zu verfügen.“ Der **Lehrer** blickte in die Gesichter seiner Schüler. Sie wirkten **leer** und verständnislos. Seine **Belehrungen** halfen offensichtlich nicht.

95 Wörter · diktiert am: ......................

**Meer und mehr**

Am Strand siehst du das blaue **Meer**: Es ist ein Nomen, das **groß** und mit **ee** geschrieben wird. Das **kleingeschriebene** Wörtchen **mehr** mit **h** brauchst du, wenn es Kuchen oder Pudding gibt, oder?

## 145 Verschollen im Nordmeer

Zilla, die **Meerjungfrau**, lebte im warmen **Südmeer**. Das Wasser in ihrer **Meeresecke** schimmerte hellblau. An den Riffen tummelten sich Fische in allen Regenbogenfarben, bunte Korallen und noch **mehr** freundliches **Meeresgetier**.

Eines Tages wurde Zilla von einem **Meeresstrudel** mitgerissen. Ihre Kräfte ließen **mehr** und **mehr** nach. Alles um sie wurde schwarz und als sie erwachte, trieb Zilla im eiskalten und dunklen **Nordmeer**. Grimmige Knurrkarpfen zogen ihre Kreise um die verängstigte **Meerjungfrau**. Zilla hatte keine Ahnung, wie sie nach Hause kommen sollte. Ein Knurrkarpfen kam immer näher, sperrte sein Maul auf und ...

Zilla erwachte in ihrem gemütlichen Algenbett. So etwas Schreckliches wollte sie nie **mehr** träumen!

105 Wörter · diktiert am: ......................

## 146 Auf der Suche nach dem Ungeheuer

Die Piraten hatten auf allen **Weltmeeren** nach dem Ungeheuer Gigantus gesucht. Ihr Kapitän war der Meinung, dass die Riesenkrake **mehr** als eine Legende sei. „Wir brauchen noch **mehr** Waffen, wenn wir ihr begegnen“, flüsterte der Kapitän bei einem Blick auf das **Meer** von Harpunen und Kanonen. Die Besatzungsmitglieder schüttelten hinter seinem Rücken die Köpfe. Sie verdienten bei ihm zwar **mehr** Geld als bei anderen Kapitänen, aber ihre **Meeresüberfahrten** waren anstrengend und überflüssig. Plötzlich wühlte sich das ruhige **Meer** auf. Ein gigantischer Körper mit acht riesigen Tentakeln tauchte auf und bewies, dass der Kapitän Recht gehabt hatte. Nach **mehr** als zehn Stunden Kampf besiegten die Piraten schließlich Gigantus.

107 Wörter · diktiert am: ......................

**Buchstabensätze**
Denk dir einen beliebigen Buchstaben aus. Versuch nun einen möglichst langen Quatsch-Satz mit Diktatwörtern aus diesem Buch zu bilden, die mit diesem Buchstaben beginnen. Schreibe deinen Satz auf und vergleiche die Wörter mit denen im Buch. Wie viele Wörter konntest du einbauen?
**Beispiel:** Du überlegst dir den Buchstaben ‚k‘ und erfindest: Kann Katja keine kaputten Kartoffeln kochen?

# 6. Silbentrennung

**Trennung nach Wortbestandteilen**
Du hast das Ende der Schreiblinie erreicht, aber das Wort ist noch nicht zu Ende? Jetzt geht es darum richtig zu trennen. **Zusammengesetzte Wörter** trennst du nach den einzelnen Wortbestandteilen (Himmel-bett, Ball-kleid).

## 147 Ein Wochenende zu zweit

Zufrieden schmiegt Alina sich in die **Bett-decke**. Unten im **Stock-bett** liegt ihre beste Freundin Isabella. Sie haben den ganzen Tag zusammen gemalt und gebastelt. Sie haben **Apfel-kuchen** gebacken und die **Sonnen-blumen** gegossen. Nun ist Alina sehr müde. Sie nimmt ihr **Kuschel-tier** in den Arm und schläft sofort ein.

48 Wörter · diktiert am: ..................

**Diktat-Star**
Es ist oft sehr witzig, wenn man seine eigene Stimme aufnimmt und dann anhört. Suche alle Diktatwörter aus dem Text heraus. Lies die Wörter langsam und laut vor und nimm dich dabei auf. Mit dieser Aufnahme kannst du nun dein eigenes Wörterdiktat machen. Starte die Wiedergabe und höre dir das erste Wort an. Stoppe dann die Wiedergabe und schreibe das erste Wort auf. Das wiederholst du nun mit allen Wörtern. Nach dem letzten Wort kannst du alle Wörter noch einmal anhören. Vergleiche zum Schluss deine Wörter mit denen im Buch.

## 148 Bankräuberverfolgung

Das **Polizei-auto** raste mit **Blau-licht** um die **Straßen-ecke**. Die **Bank-räuber** hatten schon einen großen Vorsprung. Nun half den Polizisten das Glück. Das **Flucht-auto** fuhr über einen Nagel. Der linke Hinterreifen war sofort platt. Das Auto schleuderte gegen eine **Straßen-laterne** und die **Motor-haube** wurde eingedrückt. Kurz darauf klickten **Hand-schellen**.

48 Wörter · diktiert am: ......................

**Rechtschreib-Polizist**
Dein Partner schreibt einige Diktatwörter für dich auf Kärtchen und versteckt sie im ganzen Haus. Dabei baut er absichtlich Fehler in die Wörter ein. Nun darfst du wie ein Polizist auf Spurensuche gehen und alle Kärtchen und Fehler aufspüren. Verbessere alle Fehler. Zum Schluss überprüft dein Partner, ob du wirklich alle Kärtchen und alle Fehler entdeckt hast. Nun tauscht ihr die Rollen.

### Trennung nach Sprechsilben

Wörter mit zwei Silben kannst du nach **Sprechsilben** trennen (La-den, kau-fen). Sprich das Wort laut und klatsche dabei die einzelnen Silben. So weißt du genau, an welcher Stelle du das Wort trennen musst.

## 149 Hexe Duda und der Zaubertrank

Die **bö-se He-xe Du-da** tanzt um den **gro-ßen Kes-sel**. **Zu-erst** muss sie **drei-mal** im Kreis **lau-fen**. Dann soll sie **zehn-mal sprin-gen** und **da-bei** laut **sin-gen**. Schon ist der Trank **fer-tig**.

30 Wörter · diktiert am: ......................

## 150 Verängstigte Gespenster

Die **Geis-ter spür-ten** zum **ers-ten** Mal **gro-ße** Angst. Was für **Fla-schen wa-ren** das? **Grü-ner Ne-bel** drang aus den **Fla-schen he-raus**. Der **klei-ne** Geist Buhu **schweb-te mu-tig he-ran** und nahm **ei-nen** Schluck. Es war **köst-lich**! **Manch-mal lohn-te** es sich, **mu-tig** zu sein.

41 Wörter · diktiert am: ......................

**Trennung bei aa, ee und oo**

Die Doppelvokale **aa, ee, oo** bleiben bei der Trennung immer zusammen (Staa-ten, Mee-re, Moo-re).

## 151 Sommer am See

Elena verbringt den Sommer am See. Am Ufer beobachtet sie **Libellenpaa-re**. Man kann **Boo-te** mieten und auf dem Wasser rudern. Beim Schwimmen spürt sie etwas am Bein. Ist das ein **haa-riges** Monster? Nein, zum Glück nur eine Familie glitschiger **Aa-le**!

40 Wörter · diktiert am: ......................

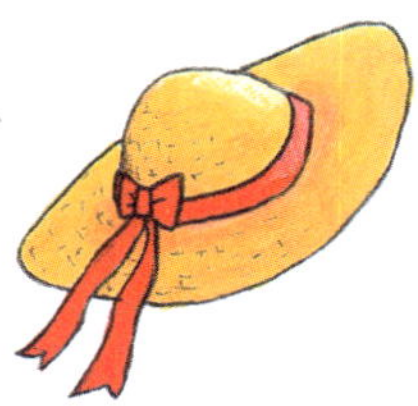

## 152 Schwierige Geschäfte

Nachdem der Wikinger Starkmann das Angebot abgelehnt hatte, nahm der Händler Waregut die **Bee-ren** von der **Waa-ge**. „Ihr Wikinger seid seltsam. Mit euren **Boo-ten** fahrt ihr gefährliche **Mee-re** entlang. Ihr traut euch aber nicht, unbekanntes Obst zu essen."

38 Wörter · diktiert am: ......................

**Trennung bei au, äu, ei und eu**

Auch **au**, **äu**, **ei**, und **eu** werden nicht getrennt (Tau-ben, Mäu-se, Mei-sen, Eu-len).

## 153 Prinzessin Vera will etwas erleben

Prinzessin Vera hat genug von **fei-nen Klei-dern**! Sie **rei-tet** zu den **Häu-sern** der **Bau-ern**. „Darf ich dir **heu-te** helfen?", fragt sie einen Jungen. „Klar!", sagt der **freu-dig**. Vera **säu-bert** den **Schwei-nestall** und trägt Holz in die **Scheu-ne**. Danach ist sie müde, hat aber richtig gute **Lau-ne**.

46 Wörter · diktiert am: ....................

## 154 Umsonst geschuftet

**Heu-te** war ein großer Tag. Nachdem **ei-nige Bäu-me** gefällt worden waren, war das Schiff fertig. Die Wikingerfamilie Schrecklich würde sich darauf wie zu **Hau-se** fühlen. Doch in ihrer **Freu-de** bemerkten sie nicht ihren Feind. Der schlich sich **lei-se** heran und zerstörte das Schiff mit großen Felsen vom Ufer aus.

49 Wörter · diktiert am: ....................

**Trennung bei Dehnungs-h**
Bei der Trennung von Wörtern bleibt das **Dehnungs-h** immer bei dem Vokal oder Umlaut, der ihm vorausgeht (Müh-le, Höh-le).

## 155 Bunte Fahnen für dein Zimmer

Schneide Dreiecke aus Stoff aus und bemale sie bunt. **Boh-re** bei jedem Dreieck je ein Loch in zwei der Ecken. Nun kannst du deine Dreiecke an eine Schnur fädeln. **Wäh-le** einen Platz unter der Decke und hänge deine **Fah-nen** auf. Wenn du das Fenster weit öffnest, flattern sie leicht im Wind. Eine tolle Deko!

54 Wörter · diktiert am: ....................

## 156 Fürs Lernen belohnt

Der Ritter Labara stellte seine **Söh-ne** vor die Wahl. Wenn sie nicht **zäh-len** lernten, durften sie nicht mit ihm zum Ritterturnier **fah-ren**. Einer der **Söh-ne** blieb lieber zu Hause. Die anderen hatten großen Spaß auf dem Turnier.

37 Wörter · diktiert am: ....................

**Trennung nach Sprechsilben**
Wörter mit drei oder mehr Silben kannst du nach **Sprechsilben** trennen (Mar-me-la-de, He-xen-be-sen).

## 157 Hexe Lola und der Papagei

Für den **He-xen-wett-be-werb be-rei-tet** Hexe Lola ein tolles Gebräu vor: Den Trank der **Ver-wand-lung**. Dort hinein gehören **Ma-jo-ran**, **Scho-ko-la-de**, **Dun-kel-kräu-ter** und **Mäu-se-milch**. Die letzte Zutat ist ein **Ge-heim-nis.** Schließlich möchte Lola nicht, dass die **an-de-ren** Hexen ihren Trank **nach-brau-en**.

Lola bringt alle **Zu-ta-ten** mit und kocht ihren Trank. Sie trinkt ihn und **ver-wan-delt** sich in einen **Pa-pa-gei**. Ihre **Zu-schau-er** sind **be-zau-bert**.

Oh Schreck! Lola hat den **Ge-gen-trunk ver-lo-ren**! Muss sie nun für immer als Vogel **he-rum-flie-gen**?

76 Wörter · diktiert am: ......................

**Hexe Lolas wundersame Rückverwandlung**
Hexe Lola kann natürlich nicht für immer und ewig als Papagei herumfliegen, oder doch? Überlege dir, wie die Geschichte weitergehen könnte und schreibe sie auf ein Blatt Papier. Du kannst auch mit deinen Freunden einen kleinen **Schreibwettbewerb** veranstalten. Dazu liest du ihnen zuerst das Diktat vor. Nun schreibt jeder von euch seine eigene Fortsetzung. Lest euch nun eure Geschichten vor. Na, welche gefällt euch am besten? Vorher könnt ihr euch noch überlegen, welchen Preis der Sieger bekommt ... Wie wär's mit einem Zaubertrank?

## 158 Schulaufsatz im Jahr 2027

Die **Au-ßer-ir-di-schen lan-de-ten** mitten in einer **ster-nen-kla-ren** Nacht mit ihren **Raum-schif-fen** auf **un-se-rem Pla-ne-ten**. Zunächst hatten wir Menschen Angst vor ihnen. Wir **fürch-te-ten**, dass sie **un-se-re** Welt **zer-stö-ren** würden. Aber diese Wesen kamen in Frieden zu uns. Ihr Wissen brachte den Menschen Fortschritt. Sie zeigten uns, wie man **Rie-sen-ro-bo-ter her-stel-len** und mit reiner **Son-nen-kraft** jede **Ma-schi-ne an-trei-ben** kann. Heute leben wir Seite an Seite mit den **Au-ßer-ir-di-schen**. Einer meiner besten Freunde ist ein kleines, grünes Männchen namens **Mond-ge-sicht**.

78 Wörter · diktiert am: .....................

**Trennung bei Doppelkonsonanten**

Wörter mit Doppelkonsonanten trennt man so, dass der letzte Konsonant immer auf die neue Zeile kommt (Was-ser, Sup-pe). Folgt nach dem Doppelkonsonant ein weiterer Konsonant, so kommt dieser auf die neue Zeile (Hoff-nung).

## 159 Das Turnier

Christina startet mit ihrem **Han-noveraner** Oskar beim Turnier. Sie tritt in der **Dres-sur** an. Oskar ist ein erfahrener **Wal-lach** und total ruhig. Ganz anders Christina. Sie prüft **im-mer** wieder Oskars **Sat-tel** und kaut an den Fingernägeln. Endlich reitet Christina in die Bahn und führt ihre Kür vor. Bei „durch die halbe Bahn **gerit-ten**“ **pas-siert** es: Oskar stolpert. Oh nein, ein Fehler! Nun passt Christina **dop-pelt** so scharf auf. Der Rest der Übung gelingt den beiden meisterlich. Christina und Oskar **gewin-nen** den 2. Platz.

83 Wörter · diktiert am: ......................

## 160 Im Strafraum zu Boden gerissen

„Was für ein **Af-fe**!“, fluchte der **Mit-telfeldspieler** Ballaballa, nachdem sich sein Gegner an ihn **geklam-mert** und ihn zu Boden **geris-sen hat-te**. **Im-merhin hat-te** der Schiedsrichter alles gesehen und deswegen einen Elfmeter **gepfif-fen**. Obwohl Ballaballa den Elfmeter nicht selbst ausführen sollte, nahm er den Ball und legte ihn **vol-ler** Wut auf den Kreidepunkt. Er lief an und schoss übers Tor. Manchmal ist es doch **bes-ser**, einem Mitspieler den Vortritt zu **las-sen**.

69 Wörter · diktiert am: ......................

**„Suchsel“**

Damit ein „Suchsel“ Spaß macht, müsst Ihr mindestens zu zweit sein. Ein „Suchsel“ ist ein Wortgitter aus Diktatwörtern. Nehmt dazu jeder ein kariertes Blatt Papier und schreibt in die Kästchen jeweils 10 Diktatwörter, die ihr aus den Diktaten für eure Klassenstufe heraussucht. Die Wörter könnt ihr waagerecht, senkrecht oder auch diagonal eintragen. Die freien Kästchen füllt ihr mit beliebigen Buchstaben auf – schon sind die Wörter viel schwerer zu erkennen und haben sich gut versteckt.

Tauscht dann eure „Suchsel“ aus, findet die versteckten Wörter und kreist sie ein. Wenn ihr fertig seid, tauscht die Blätter noch einmal aus. Kontrolliert genau, ob euer Partner auch alle Wörter entdeckt hat. Wer mehr Wörter gefunden hat, ist natürlich der Gewinner.

### Trennung bei ch, ck und sch

Die Buchstabenverbindungen **ch, ck und sch** werden wie ein **einziger Laut** ausgesprochen. Daher darfst du sie auch **nicht trennen** (Tü-cher, wa-ckeln, Ta-sche). Nicht vergessen: Es gehört immer der erste Konsonant auf die neue Zeile!

## 161 Eine Rasse fürs Rennen

Die Pferderasse engli-sches Vollblut wird extra für Pferderennen gezüchtet. Die Tiere gelten als die besten Rennpferde der Welt. Sie errei-chen bis zu 70 Stundenkilometer und sind so schnell wie ein Auto!

Vollblüter sind wertvolle Tiere. Nur sehr rei-che Men-schen können sich den Kaufpreis von mehreren Millionen Euro leisten. Sie bezahlen auch den Stall und die Pflege der schnellen Pferde. Außerdem su-chen die rei-chen Besitzer den **Jockey** aus: Diese kleinen leichten Reiter bü-cken sich tief über den Pferdehals, um das Tier beim Rennen nicht zu behindern.

84 Wörter · diktiert am: ......................

**Wörter buchstabieren**
Suche ein Diktatwort aus. Buchstabiere dann deinem Partner das Wort ganz langsam und deutlich. Dein Partner soll nach möglichst wenigen Buchstaben herausfinden, wie das Wort heißt.
Je weniger Buchstaben ihr braucht, um das Wort zu erraten, desto besser. Wechselt nach jedem Wort ab. Na, wer hat am Ende die meisten Wörter am schnellsten erraten können?

## 162 Eine Bonbonidee

Kommissar Schnüffelmann holte ein **le-ckeres** Bonbon aus der **Ta-sche**, während er die Tatortfotos ansah. Er war sich **si-cher**, etwas übersehen zu haben. Der Geschmack des Bonbons breitete sich köstlich auf seiner Zunge aus. Es schmeckte herrlich nach Erdbeeren. Auf einmal fiel ihm ein kleiner, erdbeerroter **Fle-cken** auf einer **Ja-cke** auf. Sie gehörte dem Verdächtigen. Wieso war das Kleidungsstück **dre-ckig** geworden? Schnüffelmann grinste. Das Bonbon mit dem **Erdbeerge-schmack** hatte ihn auf die richtige Spur gebracht. Manchmal war es ganz einfach, Verbrecher zu jagen.

81 Wörter · diktiert am: ......................

**Trennung bei pf**

Wörter mit **pf** werden zwischen **p** und **f** getrennt (Karp-fen). Aber Achtung bei zusammengesetzten Wörtern! Diese werden nach Wortbestandteilen getrennt (Brat-pfanne).

## 163 Vorfreude

Katinka könnte vor Freude **hüp-fen**, in die Hände klatschen und mit den Füßen **stamp-fen**. Sie darf heute mit Antonia im Garten zelten! Aber Katinka sitzt in der Schule und kann nicht **hüp-fen.** Die Freundinnen stecken die **Köp-fe** zusammen und flüstern. „Das ist der **Gip-fel**!“, hört Katinka die Lehrerin **schimp-fen**. „Was ist mit euch los?“„Wir zelten heute“, antwortet Katinka. „Wir freuen uns so!“, sagt Antonia. Dann gebe ich euch eine Hausaufgabe“, sagt die Lehrerin. „Ihr erzählt uns am Montag genau, was ihr erlebt habt!“

83 Wörter · diktiert am: ......................

## 164 Eisige Höhle

Die „Wilde Resi“ hatte den letzten Leuchtturm hinter sich gelassen. Nun **kämp-fte** sie sich durch das eisige Wasser. Am Bug stand ein Pirat und **klop-fte** mit einem langen Stab auf die dünne Eisschicht. Noch war das Wasser befahrbar. „Hoffentlich hat es sich gelohnt, dem Offizier die Karte **abzuknöp-fen**“, flüsterte Kapitän Einauge, als vor ihnen die riesige Höhle auftauchte, in der ein Schatz versteckt sein sollte. **Eiszap-fen** hingen von der Höhlendecke herab, dicke **Wassertrop-fen** fielen von ihnen hinab ins Meer. Gemeinsam hielten sie Ausschau nach dem größten **Zap-fen**, denn er war der Hinweis auf das Versteck.

95 Wörter · diktiert am: ......................

**Trennung bei st**

Wörter mit **st** werden zwischen **s** und **t getrennt** (hus-ten, has-tig). Aufpassen musst du nur bei zusammengesetzten Wörtern, denn die trennt man nach den Wortbestandteilen (Morgen-stern).

## 165 Reise in die gelbe Wüste

Tara las noch einmal die **Lis-te** durch: Schlafsäcke, Essen, Lampen, Zelte, Wasserflaschen ... Ihre **Ausrüs-tung** für die **Wüs-te** war komplett! Sie hatte schon **ges-tern** losreisen wollen, aber es war ja **meis-tens** so, dass das **Wichtigs-te** fehlte: Sie selbst! **Ges-tern** war Tara beim **Meis-ter**, der ihr Tipps für die Reise gab.

Drei Tage **reis-te** Tara nach **Os-ten**, dann lag sie vor ihr: die gefürchtete gelbe **Wüs-te**. Tara hoffte, dass sie diese Reise überlebte – und dann ging sie los!

82 Wörter · diktiert am: ......................

**Schreibe dein eigenes Theaterstück!**
Was erlebt Tara wohl alles auf ihrer Reise? Schreibe auf, wie die Geschichte weitergeht. Dir fällt bestimmt jede Menge ein! Nun kannst du die Geschichte mit deinen Freunden nachspielen. Ihr habt bestimmt jede Menge Rollen zu verteilen. Mit den richtigen Kostümen und einer schönen Bühne macht es noch mehr Spaß!

## 166 Das Geschenk

Der Schüler Abrakadabra machte sich an einem **duns-tigen** Morgen auf den Weg zu seinem **Meis-ter**. Der **Geis-terjäger** hatte ihn mit **düs-teren** Worten herbeigerufen. Auf seinem Rücken trug Abrakadabra die **Ausrüs-tung**. Nachdem die kurze **Dis-tanz** zum Haus des **Meis-ters** zurückgelegt war, stieg er von dem Besen und klopfte an die Tür. Dann trat er ein und sah seinen Herrn, der mit Leim und Papier bedeckt war.

„Endlich bist du da. Ab sofort übernimmst du das **Bas-teln** des Geschenkes für meine **Schwes-ter**“, fluchte er.

82 Wörter · diktiert am: ......................

**Trennung bei tz**

Wörter mit **tz** trennt man zwischen **t** und **z** (Kat-ze, Frat-ze).
Bei zusammengesetzten Wörtern heißt es aufpassen und nach Wortbestandteilen trennen (Hitz-kopf).

## 167 Der Luchs

In einsamen Wäldern leben die Luchse. Sie sind die größten **Wildkat-zen**, die es bei uns gibt: Luchse werden etwa einen Meter lang. Ihr Schwanz ist kurz und buschig mit einer schwarzen **Spit-ze**. Luchse haben dreieckige, **spit-ze** Ohren. Weil sie an Malerwerkzeuge erinnern, nennt man sie auch Pinselohren.

Im Harz haben einige der **Kat-zen** ein Halsband mit Sender bekommen. Über **Handynet-ze** empfangen Tierforscher nun Signale von den Luchsen. Die Wissenschaftler **nut-zen** ihr neues Wissen, um den Luchs bei uns noch besser zu **schüt-zen**.

81 Wörter · diktiert am: ......................

**Diktatwörter-Witzgeschichte**
Nimm 10 kleine Kärtchen. Suche 10 Diktatwörter aus dem Buch heraus und schreibe sie auf die Kärtchen. Überlege dir dann eine möglichst witzige Geschichte, in der diese 10 Wörter enthalten sind. Lege dann die Wortkärtchen in der Reihenfolge, in der sie in deiner Geschichte vorkommen, vor dich hin. Erzähl nun deinem Partner die Geschichte. Immer wenn eines deiner Wörter in der Geschichte vorkommt, darfst du dieses Kärtchen umdrehen. Schaffst du es wirklich, alle Wörter einzubauen?

## 168 Die Kabinenansprache

Der Trainer hatte die Heizung in der Kabine hochdrehen lassen. Seine Spieler sollten **schwit-zen**, bevor sie wieder auf das Basketballfeld liefen. „Wir sollten die Gelegenheit **nut-zen**, uns an der **Tabellenspit-ze festzuset-zen**“, beschwor er sie. „Unsere Fans auf den **Sitz-plät-zen** erwarten euren Einsatz. Jeder von euch, auch die **Ersatz-leute**, muss sein Bestes geben. Ich werde versuchen, drei Auswechselspieler **einzuset-zen**. Und jetzt will ich viele Körbe und keine **Pat-zer** sehen.“ Er klatschte in die Hände. Das Spiel konnte beginnen.

77 Wörter · diktiert am: ....................

**Autonummern**
Schreib Autonummern, die dir einfallen, auf ein Blatt Papier. Du kannst eure eigene notieren, aber auch beliebig weitere erfinden: aus anderen Städten, mit Anfangsbuchstaben, die du magst ... Schreibe dann zu jedem Buchstaben der Autonummern ein Diktatwort aus diesem Buch auf.
**Beispiel:** LB – PT 249
L = Land
B = Berg
P = Pferd
T = Tag

**Trennung bei ß**

Steht **ß** als einziger Konsonant, kommt er auf die nächste Zeile (bei-ßen, flie-ßen). Ganz selten steht **ß** zusammen mit anderen Konsonanten. In diesen Fällen kommt der letzte Konsonant auf die nächste Zeile (ausschließ-lich, verdrieß-lich). Bei zusammengesetzten Wörtern trennst du wie gehabt nach Wortbestandteilen (Floß-fahrt).

## 169 Elfe Mias Rosen

Elfe Mia betrachtet die **wei-ßen** Rosen, ihre Lieblingsblüten! Die Blumen **hei-ßen** sogar wie die Elfe: Rose Mia. Nur zu dumm, dass schöne Blumen soviel Arbeit machen. Täglich muss Mia die Rosen **gie-ßen**. Dabei muss das Wasser gut **abflie-ßen**, damit ihre Blumen nicht ertrinken. Mia untersucht die Blüten genau: Sitzen gemeine Blattläuse darauf, die die Pflanzen **bei-ßen** und ihre Lebenssäfte trinken?

Als Belohnung schneidet sich Mia jeden Abend eine **wei-ße** Blüte ab. Ihr Duft schickt die Elfe in **sü-ße** Träume.

79 Wörter · diktiert am: ......................

## 170 Viel zu heiß

**Drau-ßen** waren es **neununddrei-ßig** Grad im Schatten. Mein bester Freund Max hatte die schwachsinnige Idee sich am Baggersee zu treffen. Der war am anderen Ende der Stadt und es wurde immer **hei-ßer**. **Au-ßerdem** war mein Fahrrad kaputt, sodass ich laufen musste. Der Schweiß lief mir schon den Rücken hinunter, als ich **schließ-lich** am See ankam. Zur **Begrü-ßung** kam Max mit einem breiten Grinsen auf mich zu und zeigte ans Ufer. Dort lagen Annika und Lisa. Die zwei waren in unserer Klasse und man konnte sie super ärgern. So schlecht war es dann gar nicht am See, wir hatten nämlich schon einen Plan …

103 Wörter · diktiert am: ....................

**Schnellläufer oder Schnellschreiber?**
Legt zuerst eine bestimmte „Rennstrecke" fest (alle Stockwerke hoch und runter, einmal ums Haus herum …). Ihr braucht außerdem dieses Buch und jeweils ein Blatt Papier. Nun sagst du deinem Partner einen bestimmten Buchstaben. Du läufst los und er sucht in der Zwischenzeit so viele Diktatwörter wie möglich, die mit diesem Buchstaben beginnen und schreibt sie auf. Sobald du wieder ankommst, muss dein Partner den Stift fallen lassen. Nun wechselt ihr euch ab. Wer konnte die meisten fehlerfreien Wörter sammeln?

**Trennung von zusammengesetzten Wörtern**

Lange Wörter, die aus zwei anderen Wörtern **zusammengesetzt** sind, trennst du zwischen den Wortbestandteilen (Marmeladen-topf, Trink-becher). Auch Wörter mit **Vor-** und **Nachsilben** werden zwischen ihren einzelnen Bestandteilen getrennt (ver-liebt, höf-lich).

## 171 Sarah in der Menschenwelt

Sarah ist kein **gewöhn-liches** Mädchen: Sarah lebt bei den **Ein-hörnern**! Seit sie klein ist, trägt ihre **Ein-horn-mutter** sie auf ihrem Rücken spazieren. Nachts schmiegt Sarah sich in das warme Fell ihres Vaters. Und tagsüber spielt sie mit ihren Freunden, den **Ein-horn-kindern**.

Eines Tages begegnet Sarah im Wald einem ganz **un-bekannten** Wesen: einem **Menschen-jungen**. Sarah zeigt ihrem neuen Freund Adrian ihr **Zu-hause**, den **Silber-wald**. Adrian **er-zählt** Sarah von den Menschen, ihren **Wohn-häusern** aus Stein und den lauten **Fahr-zeugen**. Gemeinsam machen Sarah und Adrian einen **Aus-flug** in die **Menschen-welt**. Doch der Lärm, der Schmutz, die vielen Leute, das macht Sarah **schreck-liche** Angst.

Sarah ist **heil-froh**, als sie zurück im ruhigen, grünen Wald ist.

110 Wörter · diktiert am: ......................

## 172 Das Wurmloch

Die **Wissen-schaftler** starrten auf den **Bord-computer**. Sie näherten sich **un-aufhaltsam** dem **Wurm-loch**. Wenn ihre Theorie stimmte, würden sie wie von einem **Staub-sauger an-ge-saugt** und zurück in die **Ver-gangen-heit** geschleudert werden. In welcher Zeit würden sie landen? Plötzlich vibrierte das **Raum-schiff**, **Licht-blitze er-schienen** um sie herum und der Computer zeigte an, dass sie **Licht-geschwindig-keit** erreicht hatten. Alle Menschen an Bord verloren das **Bewusst-sein**. Als sie wieder **er-wachten**, hatte das Schiff in einer **Sand-wüste** eine **Bruch-landung** hingelegt. Die **Raum-fahrer** traten über die **ge-öffneten Raum-schiffs-luken** ins Freie. Sie sahen weiß **ge-kleidete** Personen, die staunend auf sie **zu-kamen**. „Sie sehen aus wie die alten Ägypter“, flüsterte der **Forschungs-leiter**.

104 Wörter · diktiert am: ......................

**Trennung bei ps**
Wörter mit ps werden zwischen p und s getrennt (Hop-ser).

## 173 Hopsassa, tiralalla!

Ist dir langweilig? Dann probiere mal den verrückten **Hop-sassatanz**! Dazu brauchst du nur deine Lieblingsmusik, deine beste Freundin und los geht's!

Zuerst solltet ihr eine Weile wild **hop-sen** wie zwei **Gummiklop-se**. Ist euch schon warm? Gut, immer **weiterhop-sen**! Nun fangt an, euch gegenseitig in den Bauch zu **stup-sen**. Aber tut euch nicht weh!

**Hop-sassa**! Nun ist es aber genug. Werdet schnell wieder normal und vergesst den Tanz – aber nicht die Wörter mit ps.

73 Wörter · diktiert am: ......................

Es macht Spaß, sich mal richtig auszutoben, oder? Danach ist dein Kopf frei gepustet und du kannst umso besser lernen. Blättere einmal die anderen Diktate dieses Kapitels durch. Die geben sicher reichlich Stoff für neue verrückte Tänze. Ein „Tscha**ck**a-Tscha**ck**a-Tanz" ist bestimmt etwas ganz Tolles. Hm, und was könnte man wohl erst mit einem harmlosen, kleinen **sch** anfangen oder einem **tz** oder ... ?

## 174 Abenteuer im Zoo

Der verrückte Wissenschaftler Wirrkopf hatte die **Kap-sel** in seinem Ärmel versteckt. Während der Öffnungszeit des Zoos war er wie ein normaler Besucher herumgelaufen und hatte sich seine Kamera vors Gesicht gehalten. Er wollte möglichst viele Tiere **knip-sen**, **tap-sige** Bären genauso wie **hop-sende** Ziegenböcke. Kurz vor der Schließung hatte er sich dann gut versteckt und bis zur Dämmerung gewartet. Er trat vor das Löwengehege und **schnip-ste** die **Kap-sel** einem Löwen vor das Maul. Der Löwe fraß sie und schrumpfte innerhalb von Sekunden. Wirrkopf lachte wie wahnsinnig. Er hatte es geschafft. Mit seiner Erfindung würde er alle Tiere verkleinern und sie einstecken, um zu Hause einen eigenen Zoo zu besitzen.

109 Wörter · diktiert am: ....................

**Trennung bei sp**
Wörter mit **sp** werden zwischen **s** und **p** getrennt (Knus-perhaus).

## 175 Eine Hexe mit Erkältung

Hexe Ursula erwacht mit einer fiesen Erkältung, aber arbeiten muss sie trotzdem. Mit laufender Nase setzt sich Ursula ans Fenster ihres Hauses. Da kommen auch schon die ersten Kinder den Waldweg entlang.

„Knu..., Knu..." Hexe Ursula bekommt kein Wort heraus. Sie **räus-pert** sich und versucht es noch einmal.

„**Knu-s-per**, **Knus-per**, Knäuschen!", krächzt Ursula heiser. Die Kinder hören sie nicht.

„**Knus-per**, **Knus-per**, Knäuschen! Wer **hus-pert**, nein, **knus-pert** an meinem Knäus...?" Die Hexe **verhas-pelt** sich und versucht es noch einmal.

„**Knu-sper**, **Knus-per**, Knäuschen! Wer **knus-pert** an meinem Häus...?" Ein schlimmer Husten schüttelt Ursula. Die Kinder rennen lachend davon. Hexe Ursula beschließt, sich lieber wieder ins Bett zu legen.

108 Wörter · diktiert am: ......................

## 176 Schmugglerware

Die Edelsteine wurden in dem Lastwagen durchgerüttelt, während das Fahrzeug die Strecke entlangraste. Der Fahrer war nicht sonderlich **ge-sprächig**. Der eingeschleuste Agent benötigte jedoch noch weitere Informationen. Er **räus-perte** sich. „Fahren wir die Edelsteine über die Grenze?“, fragte er. „Mir hat der Boss nichts verraten.“

Der Fahrer blickte ihn nur kurz über seine **ent-spiegelten** Brillengläser an. „Die Grenze ist **ge-sperrt**. Du hättest besser bei der **An-sprache** dabei sein sollen. Der Unterschlupf befindet sich kurz vor der Grenze.“

Diese Information reichte. Aus seiner Tasche holte der Agent heimlich eine **Roboterwes-pe** heraus und ließ sie fliegen. Sie zerstach die beiden Vorderreifen und machte ein Weiterfahren unmöglich. Der Agent hatte sich ein wenig Zeit verschafft.

112 Wörter · diktiert am: .....................

**Trennung bei ps, sp, st und tz**
Das kennst du schon. Die Buchstabenverbindungen **ps, sp, st** und **tz** werden immer zwischen diesen zwei Buchstaben getrennt.

## 177 Freunde beim Backen

Laura, Leo und Linus treffen sich nach der Schule zum Backen. Aus einem Pfund Mehl und je einem halben Pfund Butter und Zucker knetet Linus einen Teig. Laura schlägt ein Ei hinein und Leo gibt Backpulver dazu.

Leo versucht, Teig vom Schüsselrand zu **krat-zen**. „Finger weg!“, sagt Linus und gibt Leo und Laura **Klap-se** auf die Hände. Es sind nur leichte **Stup-ser**, die gar nicht wehtun.

Laura rollt den Teig aus, Leo und Linus formen die **Plätz-chen**. Nach dem Backen wollen die Kinder ihre Kekse **tes-ten**. Welche **knus-pern** am **bes-ten**: die Sterne oder die Herzen? Alle schmecken prima und es bleiben keine **Res-te** übrig.

104 Wörter · diktiert am: ......................

**Rezept-Diktat**
Kannst du die frischen Kekse schon riechen? Bitte doch deine Mutter oder deinen Vater dir das Rezept für deine Lieblingskekse zu diktieren. Wenn du es schaffst, das Rezept ohne Fehler aufzuschreiben, könnt ihr es gleich zusammen ausprobieren. Und du kennst nun ganz nebenbei das Rezept für deine Lieblingskekse!

## 178 Überschätzte Kräfte

„Dein Vorhaben wird furchtbares Grauen auslösen. Diese Wesen sind **Mons-ter**“, keuchte der Zauberer Simsalabim **jap-send**. „Dir fehlt der **Res-pekt** vor der Natur“, fügte er hinzu. Die Hexe Warzena starrte ihn verständnislos an. „So ein Quatsch“, sagte sie **flap-sig**. „Dies wird ein Zeichen meiner Kraft. Eine beeindruckende Vorstellung wie die **ers-te** Vorführung des magischen Blitzableiters.”

„Mach dir nicht deine Hände **schmut-zig**“, rief Simsalabim besorgt.“

„Du bist zu anspruchslos“, warf ihm Warzena vor. „Ich **besit-ze** die Macht über diese Wesen.“ Schnell sprach die Hexe den Zauberspruch. Da bestätigte sich die dunkle Vorahnung des Zauberers. Ein schlammfarbenes **Mons-ter** tauchte auf, packte die kreischende Hexe und verschwand spurlos mit ihr.

106 Wörter · diktiert am: ......................

# 7. Zeichensetzung

## 7.1 Grundlegende Satzzeichen

**Punkt**

**Am Ende von Aussagesätzen steht** – wie hier – ein **Punkt.** Denke daran, danach groß weiter zu schreiben.

### 179 Sternschnuppen

Du hast bestimmt schon einmal eine Sternschnuppe gesehen. Die strahlenden Lichter sind nichts anderes als Staubkörner. Sie fallen zur Erde und werden dabei heiß. Dann beginnen sie zu glühen. Dabei leuchtet der Sternenstaub hell auf.

Vielleicht erfüllen uns Sternschnuppen sogar unsere Wünsche. Versuche es doch auch einmal.

47 Wörter · diktiert am: ......................

### 180 Vor dem Kampf

Der Ritter Rostkopf greift zu seiner Lanze. Für diesen Tag hat er lange geübt. Er steigt auf sein Pferd und reitet auf den Kampfplatz. Die Zuschauer jubeln ihm zu. Manche schwenken bunte Fahnen, auf denen sein Wappen zu sehen ist. Mit erhobener Hand begrüßt er sie.

46 Wörter · diktiert am: ......................

**Fragezeichen**

Weißt du, welches Satzzeichen am Schluss einer Frage steht? Es ist das **Fragezeichen**. Danach geht es mit einem Großbuchstaben weiter.

## 181 Das Leiden eines Fußballtrainers

Am Spielfeldrand springt der Trainer auf. Warum bekommt der Gegenspieler keine rote Karte? Hat der Schiedsrichter etwa keine Augen im Kopf? Wieso wird meine Mannschaft immer schwerer bestraft? Aber laut spricht er diese Gedanken nicht aus, bevor er deswegen auf die Tribüne geschickt wird.

44 Wörter · diktiert am: ......................

## 182 Das höchste Glück der Erde ...

Lisa will mit ihrem Pferd Wanja ausreiten. Aber leider regnet es. Was soll Lisa dann bloß tun? Ein Buch lesen? Oder ein wenig fernsehen? Ob ihre Freundin Zeit zum Spielen hat? Da sieht Lisa einen Sonnenstrahl durch die Wolken brechen. Soll sie schnell zu Wanja laufen?

46 Wörter · diktiert am: ......................

**Ausrufezeichen**

Nach erstaunten Ausrufen, nach Aufforderungen und Befehlen steht ein besonderes Satzzeichen. Kennst du es? Na klar, es ist das **Ausrufezeichen!** Darauf folgt ein Großbuchstabe.

## 183 ... liegt auf dem Rücken der Pferde

Endlich schönes Wetter! Endlich wieder auf Wanjas Rücken sitzen! Lisa prescht ohne Sattel und Zaumzeug über die Weide. Sie jubelt laut vor Freude. Jippie! Was für ein Spaß!

28 Wörter · diktiert am: ......................

## 184 Streit mit dem kleinen Bruder

Wütend betrachtet Ben sein kaputtes Auto. Sein Bruder hat es mit voller Wucht gegen den Schrank gefahren. Dabei ist ein Reifen abgesprungen.

„Was für ein Mist! Sieh dir das an! Mach das nie wieder! Ab sofort schließe ich mein Zimmer ab!“

41 Wörter · diktiert am: ......................

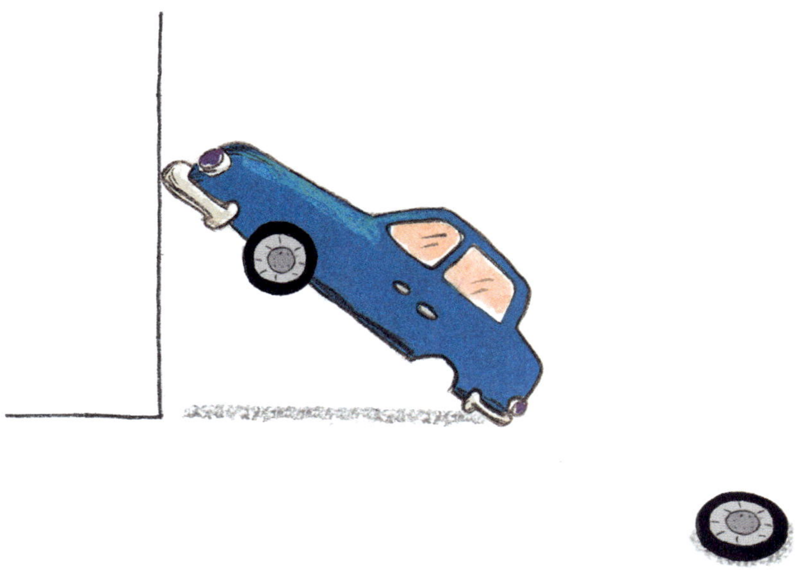

**Fragezeichen und Ausrufezeichen**

Bestimmt weißt du, wann du ein **Ausrufezeichen** brauchst (→ S. 198). Am **Ende von Ausrufen und Befehlen**, klar**!** Und **Fragezeichen?** Sie beenden **Fragen** (→ S. 197). Übe beide Satzzeichen noch einmal.

## 185 Nixe Dora sucht neue Freunde

Dora schießt durch das kühle Wasser. Hui, das macht Spaß! Doch was ist das? Ein Schatten verdunkelt das helle Nass. Dora schwimmt zur Wasseroberfläche. Ein Schiff! Ein riesiges, weißes Schiff! Was die Menschen wohl in Doras einsamer Meeresbucht wollen?

Dora beobachtet, wie die Menschen mit einem Ruderboot an Land gehen. Vier große und sieben kleine sind es. Die sehen lustig aus mit ihren langen Beinen! Ob die kleinen Menschen mit ihr spielen wollen? Langsam schwimmt Dora an den Strand.

79 Wörter · diktiert am: ....................

**Verwandte Wörter**

Such Dir ein Wort aus dem Diktat aus. Dann überlege, welche ähnlichen Wörter dir dazu einfallen. Schreibe sie auf. Beispiel: langsam → langsamer, am langsamsten, Langsamkeit ...

## 186 Überfall im Zauberladen

„Was hast du gesagt?"
„Du hast mich genau verstanden! Gib mir endlich diesen Zauberstab!" Der Dieb brüllt den alten Zauberer an.
„Warum sollte ich das tun?"
„Weil ich es dir befehle!"

Unbemerkt vom Dieb greift der Zauberer nach seinem eigenen Stab und reißt ihn plötzlich in die Luft. „Fessle dich!" Der Dieb sackt zu Boden und seine Beine verknoten sich mit den Armen. „Hast du wirklich geglaubt, mich überlisten zu können?" Der Zaubermeister wundert sich kopfschüttelnd über den dummen Dieb.

81 Wörter · diktiert am: ......................

**Wörtliche Rede: Vorangestellter Begleitsatz**

Bei der wörtlichen Rede steht zuerst ein **Begleitsatz**, in dem steht, **wer** spricht. Danach folgen ein **Doppelpunkt** und der **Redesatz** mit dem, **was gesagt** wird. Er wird in **Anführungszeichen** verpackt: Am Anfang des Redesatzes stehen sie unten, am Ende oben (Ada sagt: „Hallo, Jana!“)

## 187 Hüpfen und Springen

Ada und Jana stehen auf dem Schulhof.

Ada sagt: „Ich will Seilspringen üben.“

Jana meint: „Au ja, da möchte ich mitmachen!“

Ada fragt: „Kommst du um drei zu mir?“

Jana antwortet: „Gerne, bis nachher!“

Um drei stehen Ada und Jana mit ihren Seilen auf dem Hof.

Ada sagt: „Ich springe jetzt rückwärts.“

Jana ruft: „Das macht Spaß!“

Da stolpert Ada und fällt hin. Sie schreit: „Aua, mein Knie!“

Jana fragt: „Ist es sehr schlimm?“

Ada sagt: „Es geht schon wieder. Los, wir hüpfen weiter!“

84 Wörter · diktiert am: ......................

## 188 Eine spannende Unterrichtsstunde

Der Lehrer mustert seine Schüler. Die haben sich für eine besondere Unterrichtsstunde kurz vor Ferienbeginn das Thema Dinosaurier ausgesucht. Er blättert in seinen Unterlagen und sagt nach einem Räuspern: „Was wollt ihr denn über Dinosaurier wissen?“

Markus, Max und Julian melden sich. Der Lehrer nickt zunächst Markus zu. Markus lächelt zufrieden, bevor er seine Frage stellt: „Welches war der tödlichste Dinosaurier?“.

Julian stöhnt: „Das weiß doch jeder. Das war T-Rex.“

Nun schüttelt Max den Kopf: „Es gab größere, schnellere und gefährlichere Dinosaurier.“

82 Wörter · diktiert am: ....................

**du-er-sie-Verben**
Suche alle Verben aus dem Text heraus. Schreibe zunächst die Grundform der Verben auf ein Blatt Papier. Dahinter schreibst du nun das Verb in einer Form mit **du** und **er** oder **sie** auf. Kannst du die Formen für alle Verben aufschreiben?

**Wörtliche Rede: Voran- und nachgestellter Begleitsatz**

Du kennst schon die Zeichensetzung für den vorangestellten Begleitsatz (➜ S. 202). Steht der Begleitsatz **nach der wörtlichen Rede,** musst du ihn durch ein Komma abtrennen („Komm mit!“, sagte Paula).

## 189 Julia schwebt im Glück

Die Oberfläche des Mondes ist so weich und weiß wie frischer Schnee und die Sterne glitzern am schwarzen Himmel. Julia blickt sich um.

„Oh, da ist ja die Erde!“, ruft sie.

Annina nickt: „Sie sieht wunderschön aus.“

Julia und Annina gehen spazieren.

„Das ist toll!“, schreit Julia und hüpft leicht wie eine Feder von einem Fels zum nächsten.

Annina schlägt vor: „Wollen wir um die Wette springen? Wer kommt weiter?“

Julia fühlt sich leicht wie ein Vogel. Sie hüpft und schwebt umher. Dann schlägt sie plötzlich die Augen auf.

„Du glaubst nicht, was ich geträumt habe, Mama“, sagt sie.

99 Wörter · diktiert am: ......................

## 190 Das Zeitreisemotorrad

„Zeitreisen sind unmöglich!“, sagt der Professor Neunmalklug. Der Student erwidert mit zweifelndem Blick: „Warum haben Sie dann Angst, sich zu mir zu setzen? Hier ist noch ein Platz frei.“

Da sich der Professor nicht blamieren will, schlurft er zu der Maschine, die wie ein Motorrad aussieht. „Sie hätten sich lieber auf Ihr Studium konzentrieren sollen“, wirft er dem Studenten vor und nimmt hinter ihm Platz.

„Das habe ich“, entgegnet der Student. „Ihre erste Vorlesung hat mich auf die Idee gebracht.“ Er schaltet die Maschine ein und ruft dem Professor zu: „Halten Sie sich fest!“ Innerhalb weniger Sekunden reisen die beiden zehntausend Jahre zurück in die Vergangenheit.

106 Wörter · diktiert am: ......................

**Bilderraten**
Glaubst du, deine Freunde erkennen ein **Zeitreisemotorrad** auf einen Blick? Male es auf und beschrifte alle Einzelteile. Verrate aber niemandem, worum es sich handelt. Lass nun deine Freunde raten, um was für ein besonderes Gefährt es sich hier handelt. Derjenige der es zuerst errät, darf einen weiteren Gegenstand malen. Nun müsst ihr raten, was man damit machen kann. Euch fallen bestimmt jede Menge witzige Dinge ein!

**Bindestrich zur Einsparung von gemeinsamen Bestandteilen**

Manche Wortgruppen besitzen einen gemeinsamen Wortbestandteil. Diesen kannst du durch einen Bindestrich ersetzen. Dadurch kannst du die Wortgruppe kürzen. (Yasemin malt mit Wasser**farben** und Öl**farben**. → Yasemin malt mit Wasser- und Öl**farben**.)
Die Wortgruppen können durch **und** oder **oder** verbunden sein.

## 191 Weiß auf schwarz

Für dieses tolle Kunstwerk brauchst du keine **Filz- oder Buntstifte**, keine **Finger- oder Wasserfarben**. Dieses Bild malst du mit **Koch- und Speisesalz**!

Rühre einfach so viel Salz in ein Glas Wasser, bis es auf dem Boden des Glases liegen bleibt. Warte, bis das Wasser wieder klar schimmert. Nimm einen **Borsten- oder Haarpinsel**, tauche ihn ins **Salz- und Malwasser** und male ein Bild auf ein Stück schwarzes **Ton- oder Bastelpapier**. Nun musst du nur noch abwarten, bis das Bild getrocknet ist. Oder du nimmst einen Haartrockner, dann erscheint dein Kunstwerk im Nu auf dem Papier!

94 Wörter · diktiert am: ......................

Es muss nicht immer schwarz sein. Du kannst dein Salzbild auch auf andersfarbigen Papieren malen! Nur mit weiß und hellen Farben wird es schwierig. Welche Farbe gefällt dir am besten?

## 192 Auf dem Weg zum Turnier

Der Ritterjunge Lanzeflott hatte seine schönste Rüstung angezogen und ritt in hohem Tempo das beste Pferd seines Vaters. Geschickt wich das Pferd den vielen **Regen- und Schlammpfützen** aus. Auf dem Weg zur Wettkampfstätte begegnete der Junge edlen Reisenden, welche die Fahnen der **Königs- und Adelsgeschlechter** trugen. Sie nickten ihm zu und er erwiderte den Gruß. Als er sich dem **Kampf- und Reitstadion** näherte, wurde er nervös. Fast wäre er umgekehrt, doch dann sprach ihn ein Knappe an. „Wofür bist du gemeldet? Für den **Schwert- oder Lanzenkampf**?“

„Für den Lanzenkampf“, stotterte Lanzeflott. Nun gab es kein Zurück mehr.

97 Wörter · diktiert am: ......................

# 7.2 Kommasetzung

**Komma bei Aufzählungen**

Wenn einzelne Wörter in einem Satz in einer **Aufzählung** stehen, trennst du sie durch ein **Komma** voneinander ab. Aufpassen musst du nur bei den Wörtern **und** und **oder**: Wo sie auftauchen, brauchst du **kein Komma** (Alma liebt Gummibärchen, Erdbeeren, Nüsse und Milch.).

## 193 Müll im Spielwald

Im Sachunterricht besuchen Alma und ihre Klasse eine Mülldeponie. Essensreste, Hühnerknochen, CDs, Kissen und noch viel mehr kaputte Dinge liegen durcheinander. Es stinkt fürchterlich. Der viele Müll macht leider Probleme: Er verschmutzt Boden, Luft und Wasser.

Ein paar Tage später geht Alma zum Spielen in den Wald. Zwischen den Bäumen hat jemand Müllsäcke und alte Reifen, rostige Stangen und leere Fässer abgeladen. Ameisen, Käfer, Schmetterlinge fliehen vor dem stinkenden Haufen. Vögel, Hasen und Mäuse fressen davon und werden krank.

Alma legt sich auf die Lauer und beobachtet den Müllsünder. Dann erzählt sie alles der Polizei. Den Umweltverschmutzer erwartet eine dicke Geldstrafe.

101 Wörter · diktiert am: ......................

## 194 Die Befragung des Verdächtigen

„Geben Sie endlich zu, der Täter zu sein!“, sagte der Polizist. Der Verdächtige schüttelte den Kopf. „Ich habe damit nichts zu tun“, behauptete er.

„Wir haben von Ihnen am Tatort Fingerabdrücke, Fußspuren, einen Handabdruck, eine von Ihnen bezahlte Einkaufsrechnung und einen von Ihnen geschriebenen Zettel gefunden.“

„Das kann ich erklären“, erwiderte der Verdächtige. „Schließlich streite ich nicht ab, in dem Haus gewesen zu sein. Immerhin habe ich dort als Gärtner, Koch und Fahrer gearbeitet, ehe ich entlassen worden bin.“

„Und wie kommt es, dass Sie sich in letzter Zeit ein Auto, ein Fernsehgerät und einen Ledersessel gekauft haben, obwohl Sie keine Arbeit mehr haben?“

Nun sagte der Verdächtige nichts mehr.

110 Wörter · diktiert am: ......................

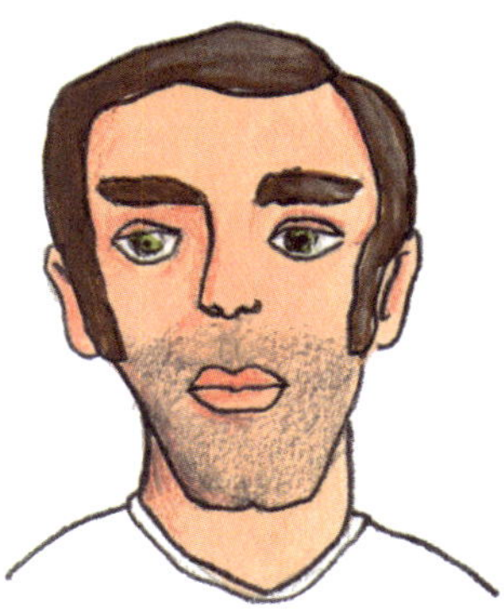

**Komma bei Konjunktionen**
Viele Sätze beginnen mit Konjunktionen wie **weil, als, während, wenn, obwohl** oder **bis**. Solche Sätze werden durch ein Komma abgetrennt. Dabei ist es egal, ob der Satz mit der Konjunktion am Anfang oder am Ende steht. (Ich lese, weil ich Geschichten mag. / Wenn ich lese, vergesse ich alles andere.)

## 195 Die Ausreißer

Es herrscht helle Aufregung, als Katharina und Johanna an der Jugendfarm ankommen. Der Esel Zottel, das Lama Franjo und die Ziege Bärli sind ausgebrochen, weil der Zaun kaputt ist! Obwohl Katharina und Johanna das neue Stallgatter reparieren wollten, helfen sie bei der Suche. Die beiden laufen durch den Wald, bis sie an den Fluss kommen. Was ist, wenn die drei ins Wasser gesprungen sind? Können sie schwimmen?

Da entdeckt Johanna Zottel. Er hängt im Gebüsch fest. Während Johanna den Esel befreit, beruhigt Katharina das Lama. Bärli kaut schon wieder an ein paar Zweigen. Langsam setzen sich die fünf in Bewegung und gehen in Richtung Jugendfarm. Alle sind glücklich, weil die drei Ausreißer wieder da sind.

115 Wörter · diktiert am: ......................

**Schlangen-Sätze**
Nimm 5 Wörter aus dem Diktat und versuche daraus einen möglichst langen Satz zu bilden. Schreibe deinen Satz auf.

## 196 Der beste Freund

„**Sobald** ich nach Hause komme**,** spiele ich mit meinem Hund Schlabbermaul“, erklärte Anna in der Sachkundestunde. „Meine Eltern waren zunächst gegen ein Tier**, weil** ich angeblich noch zu jung war. **Als** ich acht geworden bin**,** hatten sie dann nichts mehr dagegen. Schlabbermaul ist mein bester Freund. Mit ihm kann ich tolle Abenteuer erleben. In den Sommerferien bleibe ich mit ihm draußen**, bis** die Sonne untergeht. Manchmal ist es aber nicht so schön, einen Hund zu haben. Ich muss nicht nur bei Sonnenschein mit ihm ins Freie**, sondern** auch bei Regen. **Wenn** er krank ist**,** mache ich mir immer große Sorgen**, obwohl** er zum Glück noch nie etwas Schlimmes hatte.“

109 Wörter · diktiert am: ......................

**Komma bei „aber“ und „denn“**

Vor Sätzen, die mit den Konjunktionen **aber** und **denn** beginnen, musst du immer ein Komma setzen. (Es regnet, aber Maria spielt trotzdem draußen. Lea bleibt zu Hause, denn es ist ihr zu kalt.)

## 197 Streit unter Freundinnen

Milli und Hilli sind dicke Freundinnen, aber heute haben sie einen schlimmen Streit. Zuerst ist Milli böse auf Hilli, denn die hat ihre Hausaufgaben abgeschrieben. Dann wird Hilli wütend, denn sie findet, Freundinnen müssen sich bei den Hausaufgaben helfen.

Milli will sich entschuldigen, aber Hilli hört gar nicht richtig hin. Sie erzählt lieber von ihrem neuen Abenteuerbuch. Da wird Milli böse, denn Hilli hört ihr ja nie zu!

Nun schmollen Milli und Hilli und spielen lieber allein.
Am Abend treffen sie sich auf der Straße zwischen ihren Wohnungen, denn beide wollten gerade die andere besuchen. Alleine spielen ist zwar schön, aber mit der besten Freundin ist es viel schöner!

109 Wörter · diktiert am: ......................

## 198 Das Lieblingsspiel

Tim hat seinen besten Freund Tom zu Besuch, aber sie können sich einfach nicht einigen, was sie machen sollen. Tom will unbedingt draußen Fußball spielen, denn das Wetter ist schön. Tim hingegen hat viel mehr Lust auf ein Computerspiel. „Das musst du gesehen haben, denn sonst kennst du mein Lieblingsspiel nicht“, sagt Tim. Er schaltet den Computer ein, aber Tom wirft die ganze Zeit einen Ball unruhig von einer Hand in die andere. „Ich komme an dieser Stelle nicht weiter, aber mit deiner Hilfe könnte ich es schaffen“, erklärt Tim.

„Ich helfe dir gerne, denn du bist mein bester Freund“, erwidert Tom. „Doch danach will ich raus.“
Damit ist Tim einverstanden.

110 Wörter · diktiert am: ......................

**Wie heißt das Gegenteil?**
Schreibe alle Adjektive aus dem Diktat heraus. Schau dir die Wörter genau an und überlege dir, wie das Gegenteil dazu heißt. Schreibe nun die Gegenteile daneben.

**Komma bei „und“ und „oder“**

Vor den Konjunktionen **und** und **oder** wird in der Regel kein Komma gesetzt. Du darfst es aber tun, wenn **und** und **oder** vollständige Hauptsätze einleiten. (Laura mag Pferde**(,)** und Michelle mag Hunde.)

## 199 Die Prinzessinnenprüfung

Marilea und Mandelia sind verrückte Zwillingsschwestern(,) und sie sind Prinzessinnen. Heute findet ihre große Prinzessinnenprüfung statt. Zuerst muss Marilea Mandelia eine Ballfrisur stecken. Das Ergebnis ist ziemlich lustig. Mandelia sieht wie ein zerrupftes Huhn aus. Aber Marilea stört das nicht(,) und sie steckt ihrer Schwester gleich noch ein paar Federn ins Haar.

Danach soll Mandelia entweder auf Französisch mit dem grimmigen Großonkel Günther plaudern(,) oder sie muss der tauben Tante Tunella einen Witz erzählen. Mandelia ist wahnsinnig aufgeregt(,) und sie verwechselt die beiden. Den Großonkel schreit sie fast an, weil sie ihn für taub hält. Dafür erzählt sie ihrer tauben Tante einen tollen französischen Witz.

Am Ende sind die Prüfer verzweifelt(,) und sie raufen sich hilflos die Haare.

118 Wörter · diktiert am: ......................

## 200 Unterm Bett gefangen

Der junge Zauberer Fantastikus saß in der Falle. Er hatte seit einiger Zeit bei der alten Hexe ein schlechtes Gefühl gehabt (,) und das hatte sich nun bestätigt. Sie besaß den verbotenen Gegenstand (,) und das bedeutete, dass sie dem dunklen Magier folgte. Er vernahm Schritte auf der Treppe und suchte im Zimmer nach einem Versteck. Passte er vielleicht unters Bett (,) oder war die Spalte zu klein? Schnell rutschte Fantastikus unter das Bett und hörte, wie die Hexe das Zimmer betrat. Sie legte sich auf die Matratze (,) und kurz darauf schnarchte sie bereits. Konnte er einen Fluchtversuch wagen (,) oder schnarchte sie nur zum Schein?

109 Wörter · diktiert am: ....................

# Aufsatzübungen

# 1. Umgang mit Wörtern und Texten

## 1 Nomen erkennen

Findest du heraus, welche Nomen hier gesucht sind?

i n a T — Tina ______ Menschen Oma ______ — m O a

 ______ Tiere ______ 

 ______ Pflanzen ______ 

______ Dinge ______ 

> Nomen sind Wörter für Menschen, Tiere, Pflanzen und Dinge. Du kannst sie anfassen und sehen.

## 2 Welches Nomen fällt aus der Reihe?

In jedem Kasten gibt es ein Wort, das nicht passt. Streiche es durch.

1: Oma, Bruder, Kuh, Opa

2: Blume, Brot, Gras, Baum

3: Regal, Taube, Schlüssel, Schrank

4: Ziege, Fliege, Löwe, Teller

## 3 Verben in der Grundform

Auf diesen Bildern siehst du, was der mutige Ritter Rumpelhelm alles kann. Schau dir die Bilder an und schreibe neben jedes Bild das Verb in der Grundform.

1. ______________

2. ______________

3. ______________

4. ______________

## 4 Welches Verb steckt im Puzzle?

Was macht Florian am liebsten?
Sieh dir das Puzzle an und schreibe das Verb auf die Linie.

______________________________

## 5 Grundformen gesucht

Und was tust du selbst? Finde heraus, welche Verben gesucht sind und schreibe sie in der Grundform auf die Linie.

1. Das tust du nachts: ______________________________
2. Das machst du mit deiner Milch: ______________________
3. Das tust du im Schwimmbad: ________________________

## 6 Abstrakte Nomen

Alle Nomen schreibt man groß. Manche Nomen beschreiben Dinge, die man sehen oder anfassen kann. Dagegen beschreibt ein **abstraktes** Nomen etwas, das wir nur fühlen, denken oder uns vorstellen können (die Freude, die Angst, die Liebe, das Ende).

Findest du die Nomen auf den Zetteln im Buchstabengitter wieder?

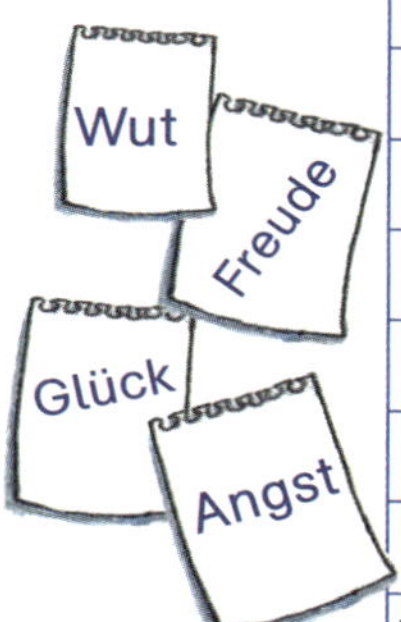


| | | | | | | | | | | | | | | |
|---|---|---|---|---|---|---|---|---|---|---|---|---|---|---|
| L | U | S | T | A | L | P | E | C | H | W | I | R | S | U |
| D | G | Z | N | M | P | W | X | Z | M | I | F | S | A | T |
| S | Z | W | U | T | B | N | M | K | L | P | R | B | N | H |
| M | G | H | I | E | A | U | O | V | E | I | E | W | G | E |
| N | D | T | O | G | L | Ü | C | K | P | M | U | X | S | G |
| E | C | P | L | O | K | S | Z | W | C | B | D | I | T | E |
| X | S | C | H | M | E | R | Z | W | X | M | E | X | L | Z |
| W | R | C | K | U | M | M | E | R | I | L | E | Y | X | B |

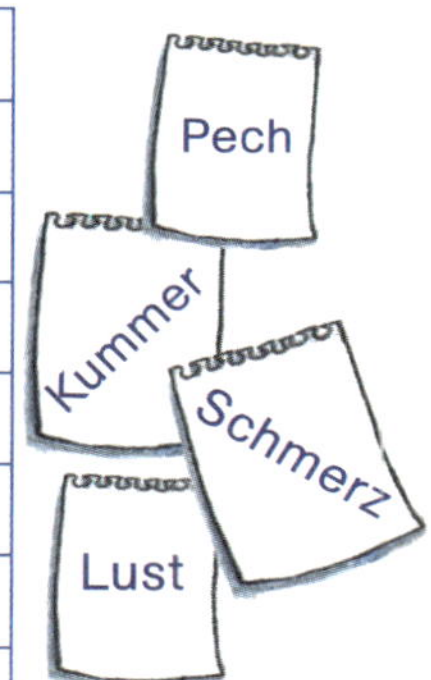


## 7 Einzahl und Mehrzahl von Nomen

Aus einem können viele werden! Das klappt nur bei Nomen. Probiere es gleich einmal aus und schreibe Einzahl und Mehrzahl neben die Bilder.

1.  ein Auto  viele Autos
2.  ____________  ____________
3.  ____________  ____________
4.  ____________ 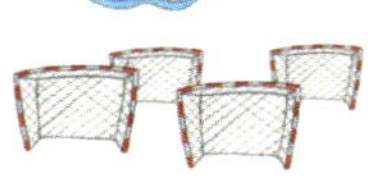 ____________

## 8 Welche Nomen gehören zusammen?

Verbinde die Nomen, die zusammen gehören.

Land, Abend, Wind, Korb, klug, Stab, Grab, Bild, König

Körbe, Gräber, Abende, Winde, Könige, Bilder, Stäbe, Länder, klüger

## 9 Für jede Wortart ein Koffer

Packe die Wörter in den passenden Koffer, indem du einen Pfeil vom Wort zum Koffer ziehst.

reisen, Flugzeug, sonnen, freuen, Sand, segeln, warm, abfliegen, Berg, lustig, Sonnenschirm, tief, Meer, kurz, heiß

## 10 Wörter nach Wortarten ordnen

Welche Nomen, Verben und Adjektive zum Thema „Turnen“ fallen dir zu den einzelnen Buchstaben ein?

| | | |
|---|---|---|
| V | A | N |
| DEHNEN | D | ROLLE |
| R | J | M |
| B | GELENKIG | E |
| E | K | N |
| N | T | |
| | I | |
| | V | |
| | E | |

Nur eine dieser Wortarten schreibt man groß. Es sind die ______________________ .

## 11 Ein Verb – viele Personalformen

Weil die Elfe Arabella so vergesslich ist, hat sie sich die Endungen der Verben auf Tautropfen notiert. Das hilft auch dir. Schreibe die beiden Verben jeweils in allen Personalformen (ich, du, er ... ) auf.

| ich | du | er, sie, es | wir | ihr | sie/Sie |
|---|---|---|---|---|---|
| -e | -st | -t | -en | -t | -en |

lachen

______________________
______________________
______________________
______________________
______________________
______________________

spielen

______________________
______________________
______________________
______________________
______________________
______________________

## 12 Nicht stolpern über Stolperwörter

Stolperwörter sind Wörter, die nicht in einen Satz gehören. Das heißt, sie ergeben gar keinen Sinn. Deshalb stolperst du beim Lesen über diese Wörter.

Finde in jedem Satz das Stolperwort und streiche es durch.

1. Zauberer Karambuli warm öffnet seine magische Truhe.
2. Sein Zauberstab ist verschwunden gelb.
3. Karambuli ist deshalb furchtbar lecker wütend.
4. Sein Schule Freund Fantastikus hat ihn zum Spaß verhext.
5. Nun kleben essen lauter bunte Zettelchen an Karambuli.
6. Er will sie Telefone wieder wegzaubern.
7. Aber ohne Zauberstab geht das ein nicht.
8. Da taucht Fantastikus auf sauer.
9. Er bringt den Luft Zauberstab zurück.
10. Schnell befreit sich Karambuli Baum.

## 13 Wo ist das Stolperwort?

Lies die Geschichte. In jedem Satz gibt es ein Stolperwort. Finde alle Stolperwörter und streiche sie durch.

**Die kluge ~~bitter~~ Krähe**

Eine durstige Krähe suchte Tanne verzweifelt nach Wasser. Durch eine lange auf Trockenheit gab es kaum noch Wasser. Die Flüsse, Seen, tanzen, Bäche und Teiche waren fast vollkommen ausgetrocknet. So flog die Krähe durch die Vogelhaus Gegend und entdeckte nach langem Suchen eine hohe Urne, die aus Ton gemacht war. Sie streckte den und Schnabel hinein und merkte, dass die Urne nur bis zur Hälfte mit Wasser gefüllt war.

Die Krähe freute sich, drückte älter ihren Kopf so gut es ging in das Gefäß und wollte trinken. Aber sie konnte mit ihrem Schnabel nicht bis an die trinkt Wasseroberfläche gelangen. Sie war vergessen traurig: „Nun hab ich endlich Wasser grün gefunden und muss doch verdursten."

Sie beschloss, sich unter zwischen einen Baum zu legen um dort zu sterben. Aber da kam ihr plötzlich eine Tante Idee. Sie würde doch an das Urne Wasser kommen. In der Nähe des Tonkruges schwebten lagen viele Kieselsteinchen. Diese pickte die Krähe unermüdlich unter auf und ließ sie nach und nach in die Urne fallen. Und was wie passierte?

## 14 Im Wörterbuch nachschlagen

Manchmal kann es sein, dass du nicht weißt, wie du ein Wort schreiben musst. Das ist nicht schlimm, denn du kannst es im Wörterbuch nachschlagen.

Hier siehst du ein Bild.

Max weiß nicht, wie man das Wort schreibt.

Wie könnte er es im Wörterbuch finden?

Es gibt keine Wörter, die mit **kw** anfangen. Du schreibst immer **qu**.

Diese Fragen helfen dir.

1. Welchen Laut hörst du am Anfang des Wortes? ________
2. Bei welchem Buchstaben sind Wörter mit diesem Anfangslaut zu finden? ________
3. Schlage in einem Wörterbuch nach: Wo steht dieses Wort? Seite ________
4. Schreibe es nun richtig auf ____________________________

**Blitzschnelles ABC-Springen**
Du findest ein Wort besonders schnell im Wörterbuch, wenn du weißt, an welcher Stelle du den Anfangsbuchstaben suchen musst. Das könnt ihr üben, indem ihr das ABC, wie hier, mit Kreide auf den Gehweg malt. Dein Partner nennt dir nun einen Buchstaben. Du musst möglichst schnell entscheiden, ob der Buchstabe im grünen, orangen oder blauen Teil zu finden ist. Spring blitzschnell an die richtige Stelle! Wechselt euch dann ab. Wer ist schneller?

ABCDEFGH IJKLMNOPQ RSTUVWXYZ

## 15 Maxiwörter zerlegen

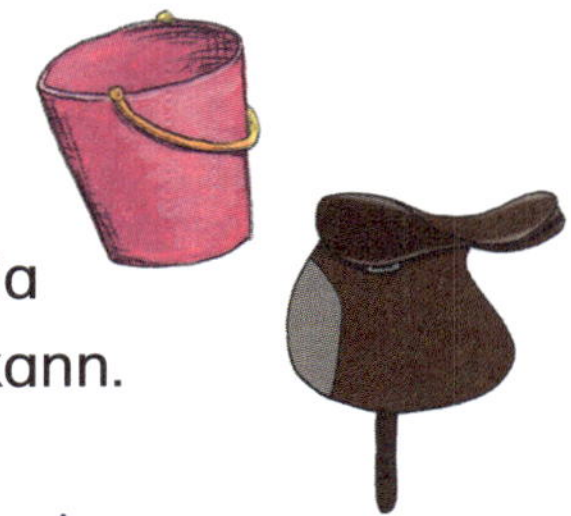

Auch bei diesen Maxiwörtern weiß Mia nicht, wo man sie im Wörterbuch findet. Zerlege sie für Mia in einzelne Wörter, damit sie sie nachschlagen kann.

1. Satteldecke = Sattel + Decke
2. Futtereimer = ________ + ________
3. Strohballen = ________ + ________

## 16 Verben im Wörterbuch suchen

Und wo müsste Mia bei diesen Wörtern nachschlagen?

| **Unterstreiche das Verb im Satz.** | **In der Grundform heißt das Verb so:** |
| --- | --- |
| Zilla, die Meerjungfrau, lebte im warmen Südmeer. | 1. leben |
| Die Farbe des Wassers war türkis. | 2. ________ |
| Eines Tages riss ein Strudel Zilla mit. | 3. ________ |
| Ihre Kräfte ließen nach. | 4. ________ |
| Doch dann erwachte sie plötzlich in ihrem weichen Algenbett – alles nur ein Traum! | 5. ________ |

Bei Verben musst du im Wörterbuch immer nach der **Grundform** suchen.

## 17 Maxiwörter zusammensetzen

Hier siehst du verschiedene Wörter. Manche passen zusammen und ergeben ein neues, längeres Wort. Schaffst du es, aus diesen Wörtern nur 5 lange „Maxiwörter“ zu bauen? Schreibe deine Wörter auf die Linien.

Waschanlage ? Schokoladen Kuchen

Regen Auto Reifen

? ? Haufen

Bogen Ameisen Panne

?

______________________________________________

______________________________________________

## 18 Ober- und Unterbegriffe ordnen

Die gefräßige Wortschlange hat jede Menge Unterbegriffe verschluckt. Kannst du sie alle finden und den richtigen Oberbegriffen zuordnen?

FAHRRADBUTTERBROTBETTLATZHOSESCHALMARMELADEROLLSCHUHESOFAJACKESCHRANKEISENBAHNROLLMOPSQUARKTISCHMÜTZELASTWAGEN

| Möbel | Kleidung |
| --- | --- |
| Bett | |

| Lebensmittel | Fahrzeuge |
| --- | --- |
| | |

## 19 Findest du das Gegenteil?

Schreibe die Gegensätze zu den Adjektiven in die gegenüberliegenden Blütenblätter.

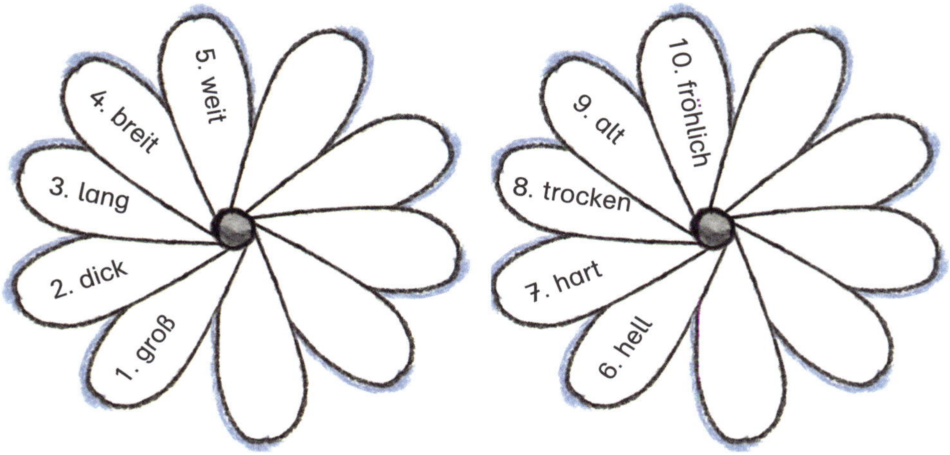


## 20 Zusammengesetzte Adjektive

Adjektive können sich auch aus zwei Wörtern zusammensetzen. Achtung, du schreibst sie immer klein! Verbinde die richtigen Wörter und schreibe die zusammengesetzten Adjektive auf die Linie.

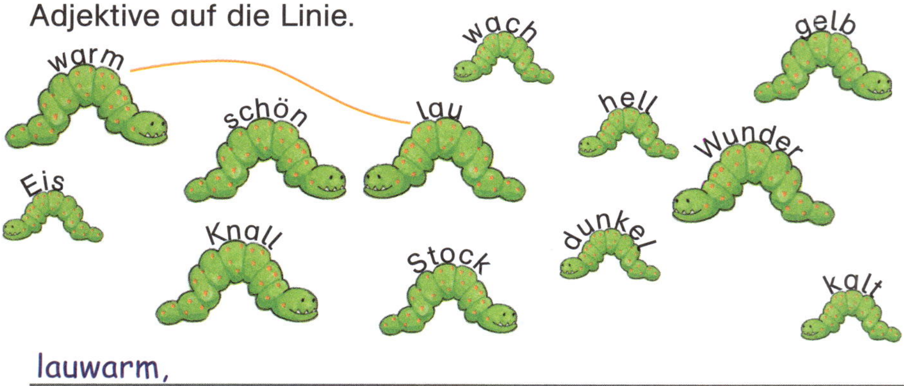


lauwarm,

## 21 Adjektive zu Wortfeldern sortieren

Zu vielen Adjektiven kannst du ein Wortfeld anlegen. Dazu sammelst du Adjektive, die eine ähnliche Bedeutung haben und zu einem gemeinsamen Oberbegriff passen.

Schau dir die Wolken genau an. Das Schild vor der Wolke verrät dir, welche Adjektive einsteigen dürfen. Schreibe die passenden Wörter in die Wolke – und los geht die Reise ins Wolkenkuckucksheim.

| | | | |
|---|---|---|---|
| vergnügt | riesig | düster | still |
| ulkig | finster | mächtig | ruhig |
| dämmrig | fröhlich | geräuschlos | enorm |
| munter | gigantisch | lautlos | unbeleuchtet |

Verwende möglichst oft unterschiedliche Adjektive und Verben. Dadurch kannst du deine Texte abwechslungsreich gestalten und für den Leser sind sie so gleich viel spannender.

## 22 Welches Verb trifft am besten?

Diese Verben gehören alle zum Wortfeld „gehen“. Überlege, welches Verb am besten ausdrückt, was gemeint ist.

**schleichen** **schlendern** **rennen** **gehen** **sich sputen**

Heute fällt die Schule aus. Deshalb 1 ____________________ Tom und Max ganz langsam wieder nach Hause.

Auf dem Heimweg überlegen sie, wohin sie an diesem freien Tag 2 ____________________ können.

Tom hat eine tolle Idee: Das Freibad hat seit einer Woche wieder geöffnet!

Jetzt aber los! Der Bus fährt nur einmal in der Stunde. Tom und Max müssen 3 ____________________

Sie 4 ____________________ die Straße entlang und können gerade noch in den Bus springen. Geschafft!

Als sie im Freibad ankommen, sehen sie schon Anna und Lisa aus der 4a in der Sonne liegen.

Die zwei kann man super ärgern! Tom und Max 5 ____________________ sich von hinten heran – mit einem Eimer voll mit eiskaltem Wasser …

# 2. Erzählende Texte

## 23 Jede Geschichte braucht vier Teile

Wenn du von einem Erlebnis erzählst, dann berichtest du, was in welcher Reihenfolge passiert ist. Jede gute Geschichte besteht aus vier Teilen.

Weißt du, was in welchem Teil einer Geschichte passiert?

Verbinde die Teile einer Geschichte mit den passenden Beschreibungen.

| Überschrift | Einleitung | Hauptteil | Schluss |
|---|---|---|---|

Hier endet die Geschichte. In wenigen Sätzen wird erzählt, wie die Geschichte ausgeht.

Die Geschichte beginnt. Man erfährt kurz das Wichtigste: Wer? Wo? Wann?

Dies ist der längste Teil der Geschichte, weil alles ausführlich und genau beschrieben wird. Hier wird es oft spannend. Deshalb ist auch der Höhepunkt der Geschichte hier zu finden.

Sie macht neugierig, verrät aber nicht zu viel.

## 24 Einleitung und Hauptteil erkennen

Weißt du, wo die Einleitung der Geschichte endet und wo der Hauptteil beginnt? Male beide Teile in unterschiedlichen Farben an.

---

Mareike hatte zu ihrem Namenstag Karten für das Kindertraumtheater geschenkt bekommen. Sie durfte ihre beste Freundin Anna mitnehmen. Heute war es soweit! Nach dem Mittagessen wollten Mareike und Anna losfahren. Anna holte Mareike pünktlich ab, denn sie waren beide sehr aufgeregt und wollten nicht zu spät kommen.
Sie waren gerade erst eine Station mit der Straßenbahn gefahren, als diese auch schon wieder anhielt. Ein technischer Schaden – nichts ging mehr! Sie standen und standen. Jetzt wurde Mareike nervös und fing an zu quengeln: „Wann fahren wir denn endlich weiter? Unser Stück fängt in einer halben Stunde an!“ Plötzlich stand ein ganz in lila gekleideter Mann auf, der ihnen schräg gegenüber saß. Er stellte sich vor Mareike und Anna und machte eine tiefe Verbeugung. „Nicht verzagen, meine Damen! Ohne Sie geht das Stück nicht los!“ Die beiden Mädchen sahen sich fragend an. Dann fing Mareike an zu strahlen. Das war Ludwig, der lila Traumtänzer! Er spielte die Hauptrolle in ihrem Theaterstück. Ludwig rief von seinem Handy den Fahrer der Traumtheaterkutsche an und bestellte ihn zur nächsten Haltestelle. Und dorthin schlich nun auch die Straßenbahn inzwischen – wenn auch in einem Schneckentempo.
„Kommt mit, ihr beiden“, rief Ludwig …

## 25 Der Schluss einer Geschichte

Schau dir noch einmal die Geschichte auf der vorherigen Seite an. Was denkst du, wie geht es weiter? Kommen Mareike und Anna noch rechtzeitig an?

Nimm ein Blatt Papier oder dein Aufsatzübungsheft und schreibe die Geschichte zu Ende.

Der Schluss einer Geschichte erzählt in wenigen Sätzen, wie die Geschichte ausgeht. Pass auf, dass dein Schlussteil nicht zu lang wird!

## 26 Eine passende Überschrift finden

Finde nun eine passende Überschrift und schreibe sie über den Text auf S. 232.

Denk daran: Eine Überschrift soll den Leser neugierig machen, aber gleichzeitig nicht allzu viel verraten.

**Luftpumpe**
Für dieses Spiel brauchst du einen Partner. Entspann dich und stell dir vor, du bist ein Luftballon ohne Luft. Dein Partner spielt die Luftpumpe. Er pumpt deinen Körper oder einzelne Teile auf, bis du „platzt" und die ganze Luft aus deinem Körper entweicht. Wechselt euch danach ab.

## 27 Die Einleitung einer Bildergeschichte

Bei Bildergeschichten musst du zunächst genau schauen, wer und was auf dem Bild zu sehen ist.

Vervollständige zunächst die **Einleitung** zu Bild **1** dieser Bildergeschichte mit den Wörtern auf der rechten Seite.

Schlafenszeit! Es ist 1 _______________. Dörte und Tim müssen heute früh ins 2 _______________. Es war ein langer und aufregender 3 _______________. Tims Cousine Dörte aus Amerika ist zu Besuch in 4 _______________.

Zürich
Bett
20 Uhr
Tag

Nicht vergessen: In der Einleitung musst du die **Personen**, den **Ort** und den **Zeitpunkt** deiner Geschichte beschreiben.

## 28 Zu Bildern spannend erzählen

Schreibe zunächst die Einleitung von der vorherigen Seite sauber in dein Aufsatzheft. Vergiss nicht, Platz für eine Überschrift zu lassen.
Schau dir nun die Bilder 2 und 3 auf der vorigen Seite noch einmal an und schreibe dann die Geschichte im Hauptteil weiter.

**Viele viele bunte Farben!**

Stufe 1: Lies die folgenden Wörter laut. Vorsicht, lass dich nicht von den Farben ablenken:
grün, blau, gelb, schwarz, rot, blau, grün, rot, gelb, schwarz

Stufe 2: Lies nun die Wörter laut und nenne nach jedem Wort, die Farbe in der das Wort gedruckt ist:
blau, gelb, grün, rot, schwarz, blau, grün, rot, gelb, schwarz

## 29 Schluss und Überschrift finden

Und zum Schluss, der Schluss! Schreibe den Schluss der Geschichte zu Bild 4.

Jetzt hast du die ganze Geschichte in deinem Aufsatzheft stehen. Lies sie nun noch einmal am Stück durch und überlege dir eine passende Überschrift, die deine Leser richtig neugierig macht. Schreibe sie über deine Geschichte.

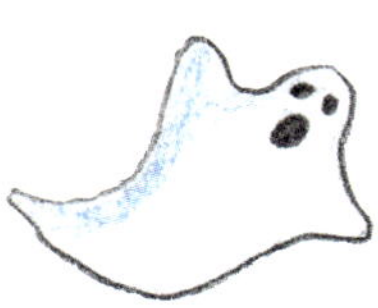

## 30 Wie eine Erzählung aufgebaut ist

Wie war das noch mal mit dem Schreiben von spannenden Geschichten? Tom versucht sich gerade daran zu erinnern, worauf es dabei ankommt. Trage die Wörter auf den Zetteln in die passenden Lücken ein.

In meiner Einleitung erfährt mein Leser, 1 ______________ und 2 ______________ meine Geschichte spielt und 3 ______________ darin vorkommt. Dafür brauche ich nur wenige Sätze.

Im 4 ______________ erzähle ich ausführlich und anschaulich, was passiert ist. Mein Leser soll meine Geschichte miterleben können. Deshalb schreibe ich auf, was die Personen 5 ______________ ______________ ______________. In diesen Teil gehört außerdem der **Höhepunkt**, das ist der 6 ______________ Punkt der Geschichte.

Zum Schluss schreibe ich, 7 ______________
______________________________.
Dafür brauche ich ebenfalls nur wenige Sätze.

denken und fühlen

wo

Hauptteil

wie meine Geschichte ausgeht

wer

spannendste

wann

## 31 Immer schön der Reihe nach

Lies dir die folgende Geschichte durch. Du wirst bald merken, hier stimmt etwas nicht. Das Computerprogramm hat einzelne Teile der Geschichte durcheinander geworfen. Male die Leiste auf der rechten Seite an: **rot** für die Einleitung, **blau** für den Hauptteil und **grün** für den Schluss.

Die Überraschung war wirklich gelungen. Die beiden gönnten sich auf dem Rückweg noch eine Riesenportion Eis und lachten über die rätselhafte Postkarte.

Sommerferien! Jan konnte endlich einmal lange ausschlafen und dann begann der Morgen mit einem langen Frühstück.

In Jans Detektivbüro, das sich in einer Ecke seines Zimmers befand, gab es nichts zu tun. Es versprach ein ruhiger und gemütlicher Tag zu werden. Doch am Mittag brachte der Briefträger die Post und es wurde alles ganz anders. Auf einer rätselhaften Postkarte wurde Jan aufgefordert gegen 17 Uhr in den Park zu kommen. Den ganzen Nachmittag überlegte er hin und her, ob er der Aufforderung folgen sollte. Schließlich machte er sich dann doch voller Neugier auf den Weg. Am vorgegebenen Treffpunkt stand auf einmal sein Vater und grinste ihn an.

## 32 Welche Überschrift passt?

Schau dir die Geschichte auf der vorherigen Seite noch einmal an. Was fehlt hier? Genau, die Überschrift!

Wähle aus den folgenden Überschriften die passende für die Geschichte aus – oder denk dir selbst eine Überschrift aus!

1. Endlich Ferien!
2. Nur mein Vater
3. Der dicke Briefträger
4. Eine rätselhafte Postkarte
5. Eine schöne Überraschung
6. Sommer im Park

Ich habe mich entschieden für die Überschrift:

________________________________________

Eine Erzählung hat immer eine **Überschrift**. Denk daran, sie soll den Leser neugierig machen, aber gleichzeitig nicht zu viel verraten. Sie muss natürlich auch immer etwas mit der Geschichte zu tun haben. Völlig unwichtige Punkte gehören nicht in die Überschrift.

## 33 Was die Einleitung verraten soll

Eine Erzählung leitest du immer – wie der Name schon sagt – mit einer **Einleitung** ein. Sie ist **kurz** und führt den Leser an die Geschichte heran. Es genügen wenige Sätze, manchmal auch nur einer.

Bestimmt kennst du schon die W-Fragen (**W**er? **W**as? **W**ie? **W**ann? **W**o? **W**arum?). Lies den folgenden Einleitungssatz durch und unterstreiche die Teile, die dir Antworten auf W-Fragen liefern. Kreuze dann die richtige W-Frage an und schreibe die Antwort daneben.

Mittags liegt Leonie mit ihrem Hund Gongo am Strand.

- ◯ WER? ______________________
- ◯ WAS? ______________________
- ◯ WIE? ______________________
- ◯ WANN? ______________________
- ◯ WO? ______________________
- ◯ WARUM? ______________________

Nun weißt du, was du immer in einer Einleitung nennen musst, nämlich die **Personen**, den **Ort** und die **Zeit**.

## 34 Eine Einleitung schreiben

Und nun du. Lies die folgende Geschichte und schreibe eine Einleitung dazu. Bist du dir nicht mehr ganz sicher, was in die Einleitung gehört? Dann schau auf der vorherigen Seite noch einmal nach.

**Mein erstes Geigenvorspiel**

... Ich nahm meine Geige und stimmte die Saiten. Autsch, das klang aber schräg! Dann suchte ich die richtige Seite im Notenbuch. Aber da stand nicht mein Lied! War das die falsche Seite? Oder das falsche Buch? Die Zuschauer sahen mich schon erwartungsvoll an und ich wurde immer nervöser. Ich blätterte vor und zurück und die Noten kamen mir alle unbekannt vor. „Da unten, Isabel“, flüsterte mir meine Geigenlehrerin vom Rand der Bühne zu, „in deiner Tasche.“ Ich war in der Zwischenzeit vor lauter Aufregung knallrot angelaufen. Aufgeregt durchwühlte ich meine Tasche. Endlich! Da waren die Noten. Ich blätterte nun die richtige Stelle auf und strich mit dem Bogen über die Saiten.

Trotz des ganzen Durcheinanders mit den Noten machte ich bei meinem ersten Vorspiel keinen einzigen Fehler und als ich fertig war, klatschen alle Zuschauer begeistert.

**Tischklavier**
Lege beide Hände auf den Tisch und „spiele“ Klavier. Hebe erst beide Daumen an und drücke die „Daumentaste“, dann die Zeigefinger, erst hoch, dann runter, dann nacheinander die anderen Finger. Wenn du beim kleinen Finger angekommen bist, geht‘s wieder zurück.

## 35 Den Hauptteil finden

Der längste Teil einer Erzählung ist der **Hauptteil.** Er folgt auf die Einleitung. Im Hauptteil findet die eigentliche Handlung statt und hier befindet sich auch der **Höhepunkt**. Das ist der spannendste Augenblick der Geschichte.

Lies dir die folgende Geschichte durch. Umrahme den Hauptteil der Geschichte in deiner Lieblingsfarbe.

**Im Kellergewölbe**

Es war Abend und Erkum, der Hexenmeister, experimentierte in seinem Gewölbe. Sein Versuch, auf den er sich schon seit Monaten vorbereitete, stand kurz vor dem krönenden Abschluss. In einem Kessel brodelte es gewaltig und es war Zeit für die letzte Zutat. Aus einem gläsernen Kästchen nahm er einen schillernden Käfer und ließ ihn in den Kessel fallen. Plötzlich explodierte der Kessel und das Tier wuchs in kürzester Zeit auf seine hundertfache Größe an. Seine Scheren sahen aus wie Äxte, die es bedrohlich wie ein Boxer schwang. Langsam kam es immer näher auf ihn zu. Entsetzt und wie gelähmt starrte der Hexenmeister auf das Ungeheuer, das er selbst erschaffen hatte. Panik erfasste ihn. „Nichts wie weg!" dachte Erkum. Doch das unheimliche Tier versperrte den Ausgang. In diesem Moment kam Erkum die rettende Idee. Schnell murmelte der erfahrene Hexenmeister mit beschwörender Stimme den Spruch der Rückverwandlung: „Filrumramfilwiedefam!" Da schrumpfte der riesige Käfer innerhalb von Sekunden zusammen und krabbelte zurück in sein Kästchen.

## 36 Wie der Höhepunkt spannend wird

Der **Höhepunkt** im Hauptteil ist der **spannendste Teil** einer Geschichte. Er wird spannender und lebendiger, wenn du anschaulich beschreibst, was die Personen **denken**, **fühlen**, **spüren**, **schmecken** oder **riechen**. Auch mit Ausrufen und Fragen kannst du diesen Teil spannender machen.

Schau dir noch einmal die Geschichte auf der vorherigen Seite an und unterstreiche alle Sätze, die zum Höhepunkt gehören.

Einen Text kannst du mit einfachen Mitteln spannender und abwechslungsreicher gestalten. Du kannst zum Bespiel unterschiedliche **Adjektive** verwenden, um Personen, Dinge oder Situationen zu beschreiben. Schau dir die folgenden Sätze an:

**Eine Spinne hing in Muriels Zimmer. Sie überlegte, wie …**
**Eine riesige Spinne hing in Muriels Zimmer. Sie überlegte …**

Merkst du es? Mit dem kleinen Adjektiv „riesig“ kannst du schon die Stimmung des Textes verändern. Manche Leser bekommen schon bei der Vorstellung der riesigen Spinne eine Gänsehaut. Man fragt sich, was Muriel nun wohl tun wird und wie sie sich fühlt. Hat sie Angst? Ekelt sie sich? Wird sie die Spinne alleine hinaustragen oder ruft sie lieber um Hilfe?

## 37 Den Höhepunkt spannend gestalten

Mehr als langweilig! Der folgende Höhepunkt ist nicht gerade gelungen. Lies ihn zunächst durch. Du siehst, einige Wörter sind unterstrichen und an manchen Stellen gibt es Lücken. Ersetze die unterstrichenen Wörter und fülle die Lücken mithilfe des Kastens auf der rechten Seite – und schon wird der Text spannender.

… „Wir können die Maschinen nicht aufhalten", 1 <u>sagte</u> der General verzweifelt. Eine Lokomotive kam auf sie 2 <u>zugefahren</u> und verwandelte sich in einen 3 ______________________ Roboter. Der General 4 <u>sagte</u> 5 ______________________ „Wie sollen wir diese 6 ______________________ Maschinen stoppen? Gibt es denn gar keine Schwachstellen?" Die Männer um ihn schüttelten 7 ______________________ die Köpfe. 8 ______________________ eine Flugzeugstaffel näherte sich 9 ______________________ dem Geschehen. Schnell waren die Roboter 10 <u>weg</u>.

in die Flucht geschlagen
entmutigt
Doch da!
rasant
zugerast
stöhnte
verzweifelt
bedrohlichen
schrie
widerlichen

Spannend und lebendig werden deine Texte auch dann, wenn du unterschiedliche Verben verwendest. Vermeide es, ständig dieselben Verben (sagen, gehen, machen) zu schreiben. Das wirkt auf Dauer eintönig.

## 38 Beschreiben mit treffenden Verben

Wenn du immer wieder dieselben Verben wiederholst, wird das auf die Dauer langweilig. In den meisten Fällen kannst du ein anderes Verb einsetzen, das sogar noch genauer beschreibt, was du meinst. Zum Beispiel „flüstern“ oder „rufen“ statt einfach nur „sagen“.

Auf wie viele unterschiedliche Arten kannst du gehen? Probier die einzelnen Gangarten doch gleich mal aus. Danach fällt es dir sicher nicht schwer, die passenden Verben in die Puzzlestücke zu schreiben. So hast du fürs nächste Mal eine große Auswahl an Wörtern, die du statt **gehen** verwenden kannst.

## 39 Abwechslungsreich schreiben

Auf der vorherigen Seite hast du viele Verben gesammelt, die du statt **gehen** verwenden kannst. Kannst du die Lücken mit passenderen Verben als „ging“ füllen?

**Verschlafen**

Ich räkelte mich noch wohlig in meinem Bett, als mein verschlafener Blick auf den Wecker fiel. Huch! Schon halb acht? Ich hatte den Wecker nicht gehört! Hastig ging 1 _______________ ich ins Badezimmer. Zum Waschen blieb mir keine Zeit. Deshalb putzte ich mir nur schnell die Zähne. Aufgeregt ging 2 _______________ ich in die Küche, steckte mein Brot in die Schultasche und ging 3 _______________ in die Schule. Ich hörte mein Herz klopfen, als ich im Eiltempo die Treppe nach oben ging 4 _______________. Atemlos blieb ich vor der Tür stehen. Als ich sie vorsichtig öffnete, blickte mich die ganze Klasse an. Meine Lehrerin fragte mich mit einem merkwürdigen Grinsen: „Warum bist du denn so spät dran?“ Ich war verlegen und sagte nichts. Unsicher ging 5 _______________ ich auf meinen Platz. Als ich nach Schulschluss mit meinen Freunden aus dem Zimmer ging 6 _______________, rief mich meine Lehrerin zurück und sagte: „Ich wollte dir noch sagen, dass ich heute selbst zu spät gekommen bin. Deshalb darfst du mir ausnahmsweise selbst eine Entschuldigung schreiben. Sie darf auch witzig sein.“ Erleichtert ging 7 _______________ ich meinen Freunden nach, bis ich sie eingeholt hatte. Dann gingen 8 _______________ wir langsam nach Hause. Ich ging 9 _______________ sofort in die Küche und erzählte alles meinen Eltern. Danach ging 10 _______________ ich in mein Zimmer und überlegte mir eine Entschuldigung.

## 40 Redewendungen verwenden

Eine große Wirkung erzielst du auch mit Redewendungen. Ihre Bedeutung kannst du nachschlagen.

Es gibt auch heute noch viele Ausdrücke und Redensarten, die schon aus der Zeit der Ritter stammen. Sicher kennst du auch einige von ihnen.

Schau dir die Redensarten an und verbinde sie dann mit den jeweils passenden Bedeutungen.

(1) jemandem unter die Arme greifen

(2) gerüstet sein

(3) Er führt etwas im Schilde.

(4) jemanden im Visier haben

(5) fest im Sattel sitzen

(A) Man ist vorbereitet.

(B) Man setzt sich für jemanden ein.

(C) Man hat etwas Bestimmtes vor.

(D) Jemand wird genau beobachtet.

(E) Er war beim Turnier nicht zu bezwingen. Man konnte ihm nichts anhaben.

## 41 Am Ende steht immer der Schluss

Der **Schluss** einer Geschichte ist, wie ihre Einleitung, sehr kurz. Er **leitet** den Leser aus der Geschichte **hinaus** und **beendet** sie.

Lies die folgende Geschichte und kreuze an, welcher Schluss passt.

**Das magische Buch**

Es war Samstagabend und ich war gerade dabei mein Geheimversteck in unserem Garten auszubauen.

Da entdeckte ich plötzlich hinter dem Holunderbusch eine alte modrige Kiste. Was da wohl drin war? Ich klappte die Kiste ganz langsam auf und zum Vorschein kamen zwei Bücher. Das erste hatte einen scheußlichen grünen Umschlag, nichts was mich interessierte. Das zweite war schwarz und ich schlug es neugierig auf. Ein Drache schoss einen Feuerstrahl in meine Richtung. Schnell blätterte ich um, doch es wurde immer abenteuerlicher. Eine Schlange zischte mich an und versuchte, mich mit ihren Giftzähnen zu verletzen.

○ 1. Ich klappte das Buch zu und steckte es zufrieden in meine Tasche. Da lag noch Spannendes vor mir. Bücher können so unglaublich aufregend sein!

○ 2. Die Schlange war pechschwarz wie der Einband des Buches. Ihre Augen leuchteten grellgelb und unheimlich. Ich blätterte immer weiter.

## 42 Wörter zu einem Thema sammeln

Hast du dich entschieden, worüber du einen Text schreiben möchtest? Dann solltest du, bevor du losschreibst, Wörter sammeln, die mit deinem Thema zu tun haben.

Sicher kennst du schon jede Menge Wörter zum Thema „Ritter“. Wie viele fallen dir ein? Schreibe sie in die Burg.

Hier kannst du noch weitere Wörter finden. Sie haben sich in den Bilderrätseln versteckt. Findest du sie alle heraus?

Sieh dir das Bild an. Lass dann die durchgestrichenen Buchstaben des Wortes weg und setze die anderen Buchstaben dafür ein. Wie heißen die Lösungswörter?

_______ _______ _______ _______ _______ _______

## 43 Aufbau einer Reizwortgeschichte

In einer Reizwortgeschichte musst du alle vorgegebenen Wörter unterbringen. Bevor du beginnst, überlege dir noch einmal genau, **worum** es in deiner Geschichte gehen soll, welche **Personen** beteiligt sind und **wo** und **wann** sie spielt. Vergiss auch nicht den richtigen Aufbau deiner Geschichte: Einleitung – Hauptteil (mit Höhepunkt) – Schluss.

Die kluge Nixe Neria hat schon einmal einige Reizwörter für dich gesammelt und in ihren Hausmuscheln abgelegt. Überlege dir zuerst, in welcher Reihenfolge du die Wörter verwenden möchtest und schreibe dann eine Geschichte dazu.

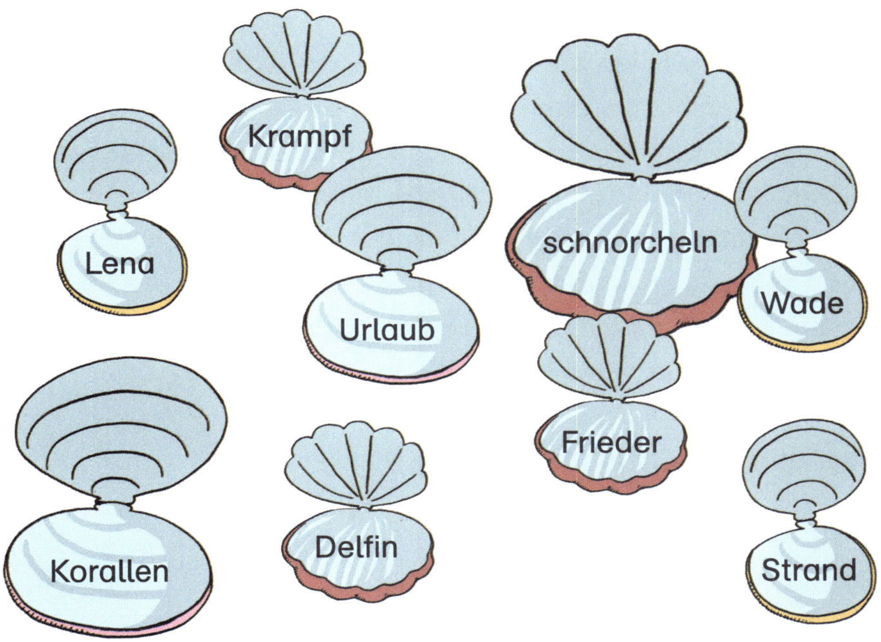

# 44 Erfundene Erzählungen

Erzählungen können wahr oder erfunden sein. Zu den erfundenen Geschichten gehören zum Beispiel die **Lügengeschichten**. Hier darfst du ausnahmsweise einmal lügen, dass sich die Balken biegen.

Lies die folgende Lügengeschichte. Unterstreiche die Stellen im Text, die du als **Lüge** einstufen würdest. Begründe dann unter dem Text, warum.

**Das geniale Huhn**

Marissa kam aufgeregt von der Schule nach Hause. „Hört mal zu“, rief sie, „auf dem Heimweg ist uns vielleicht was passiert! Anna und ich standen auf der Rheinbrücke und da ist meine Uhr in den Fluss gefallen. Ich dachte schon, die ist für immer weg. Da stand auf einmal ein Huhn vor uns, das sagte, es würde meine Uhr zurückholen, wenn wir ihm dafür ein Zitroneneis spendierten. Ich sagte zu und da stürzte sich das Huhn schon in die Fluten. Ein paar Minuten später tauchte es mit meiner Uhr im Schnabel wieder auf. Anna und ich wickelten das nasse Huhn in meinen Anorak und gingen mit ihm zur Eisdiele, wo es drei Riesenkugeln Zitroneneis bekam.

**Hier stimmt was nicht, denn …**

1. ______________________________

2. ______________________________

3. ______________________________

## 45 Eine Lügengeschichte schreiben

Schau dir noch einmal die Geschichte auf S. 250 an. Schreibe nun eine Entschuldigung für dein Zuspätkommen. Ausnahmsweise darfst du hier mal lügen, ohne rot zu werden.

Besonders schön wird deine Lügengeschichte dann, wenn du maßlos übertreibst, Dinge verdrehst, absichtlich falsch verstehst und fantastische Dinge erfindest, die es in der Wirklichkeit nicht gibt!

Falls dir gerade nichts einfällt, dann schau dir mal die folgenden Wörter an. Vielleicht kannst du mit ihnen eine tolle Entschuldigung erfinden.

Kanalisation sprechendes Krokodil
Fahrradtunnel Afrika heute morgen

## 46 Erlebnisbericht

Im Gegensatz zur Fantasiegeschichte schreibst du in einem **Erlebnisbericht** über Dinge, die du **selbst erlebt** hast – Dinge, die also wirklich wahr sind.

Schau dir die folgenden Überschriften an. Kreuze an: welche Dinge kannst du selbst erlebt haben?

Suche dir dann eine Überschrift aus und schreibe einen Erlebnisbericht dazu.

- ◯ 1. Abenteuer im Baumwipfelpfad
- ◯ 2. Mein erster Flug zum Mars
- ◯ 3. Unser spannender Nachtritt
- ◯ 4. Die verrückte Reise in Tante Amalias Keksdose

## 47 Vom Schlüsselbegriff zum Aufsatz

Du sollst eine Erlebniserzählung schreiben und dir fällt nichts ein? Keine Sorge, so kommst du Schritt für Schritt weiter:

**1.** Oft ist das **Thema** vorgeben. Du sollst zum Beispiel einen Aufsatz schreiben zum Thema:
„Was hatte ich da für eine Angst!“

**2.** In dem Thema steckt ein sogenannter **Schlüsselbegriff**. Das ist das Wort, das für deinen Aufsatz wichtig ist. In diesem Fall lautet es „Angst“.

**3.** Umkreise nun auch in den folgenden Themen die Schlüsselbegriffe:

1. Was für ein Spaß

2. So ein Ärger

3. Noch nie habe ich mich so gefreut

**4.** So, der erste Schritt ist schon einmal geschafft! Du weißt, welcher Schlüsselbegriff für deinen Aufsatz wichtig ist. Über diesen Schlüsselbegriff kommst du nun zu deinem Erlebnis. Wie? Das siehst du auf der nächsten Seite.

**Kirschen pflücken**
Stell dir vor, Nachbars Baum ist voll mit Kirschen und am Baum lehnt eine Leiter. Zuerst kletterst du die Leiter hoch. 6 Sprossen musst du hochklettern, dann bist du oben. Jetzt musst du dich noch recken und strecken, um an die leckeren Kirschen zu kommen. Merkst du, wie deine Schultern locker werden? Prima, dann kannst du entspannt in die nächste Runde starten!

## 48 Sich für ein Erlebnis entscheiden

Auf der vorherigen Seite hast du gesehen, dass es hilft, wenn du zunächst nach dem Schlüsselbegriff suchst. Denn dieser Begriff ist oft der Schlüssel zu deinem Erlebnis – auch wenn es schon weit zurückliegt.

Beispiel:
Das Thema lautet: „Was hatte ich da für eine Angst!"
Dein Schlüsselbegriff? Ganz klar: „Angst"

Überlege dir nun, in welchen Situationen du schon einmal so richtig Angst hattest. Hier sind ein paar Beispiele für dich. Kreuze an, was für dich zutreffen könnte.

Ich hatte Angst, als ich …

- ◯ 1. nachmittags mit meiner Freundin gebastelt habe.
- ◯ 2. nachts merkwürdige Geräusche im Haus gehört habe.
- ◯ 3. einen Schokoladenpudding essen musste.
- ◯ 4. mich aus Versehen im Keller eingeschlossen habe.

Und nun notiere selbst zwei Sätze, die beschreiben, wann du einmal Angst hattest.

Ich hatte Angst, als ich …

______________________________

______________________________

______________________________

Erinnere dich nun an das Erlebnis. Na, bekommst du schon eine Gänsehaut?

## 49 Eine Erzählung planen

Eine gute Geschichte braucht auch eine gute Planung. Erinnere dich noch einmal daran, welche Teile immer in einer Erzählung enthalten sein müssen.

Meine Erzählung besteht aus vier Teilen:

1. Die Ü_______________ macht den Leser ___________gierig und ver_________ nicht zu viel.

2. In der E______________ erwähne ich die P______________, den O______________ und die Z______________.

3. Der H__________________ ist der l_____________ste Teil meiner Erzählung. Er ist spannend und führt auf den _____________punkt der Handlung hin.

4. Der S______________ meiner Erzählung ist kurz. Er beendet die Erzählung und wirft keine neuen Fragen auf.

Du kennst doch den Spruch „Übung macht den Meister“, oder? Wenn du das Aufsatzschreiben regelmäßig übst und möglichst oft eine kleine Geschichte schreibst, wirst du sicher auch bald ein Meister! Lege dir dafür ein besonderes Geschichtenheft an. Darin kannst du deine Texte auch mit Bildern, die du aus Zeitschriften ausschneidest, schmücken. Du kannst dein Heft auch jemandem geben und ihn bitten, speziell für dich eine spannende Geschichte hinein zu schreiben.

## 50 Wie eine Erzählung aufgebaut ist

Auf die **Einleitung** einer Erzählung folgt der **Hauptteil**. Er ist der längste Teil der Erzählung, deshalb passiert hier auch am meisten. Mit einem Spannungsbogen führst du hier zum **Höhepunkt** – das ist der spannendste Teil der Erzählung. Den Spannungsbogen baust du dabei in mehreren Erzählschritten auf. Anschließend löst du die Spannung auf und mit einem kurzen **Schluss** beendest du die Erzählung.

Schau mal, ein schlafender Bär eignet sich prima, um sich diesen Aufbau einzuprägen. Trage die **blauen** Begriffe in die leeren Felder ein.

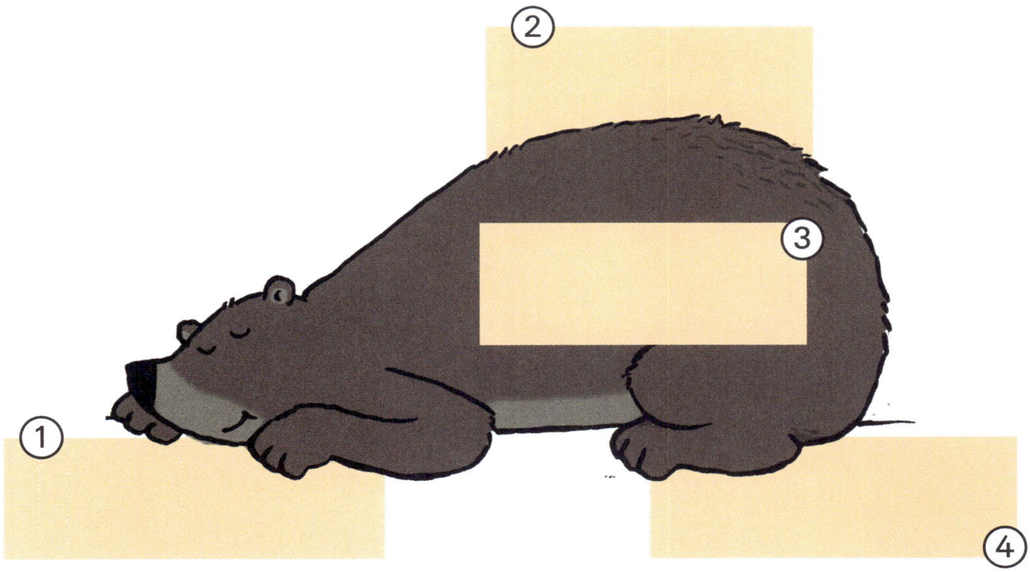

## 51 Erzählschritte ordnen

Hier sind die einzelnen Erzählschritte durcheinander geraten. Bringe sie mit den Ziffern 1 bis 8 in die richtige Reihenfolge.

A ○ „Uaaahh! Nichts wie weg“ schrien wir beide, nahmen die Beine in die Hand und rannten – das Wildschwein hinterher.

B ○ Die Stimmen der anderen wurden immer leiser, bis sie schließlich kaum zu hören waren.

C ○ „Schau mal, das Maisfeld nebenan“, meinte er. „Komm, wir gehen da rein, überholen die anderen und tauchen vor ihnen am anderen Ende auf. Die werden staunen.“

D ○ Da hörten wir auf einmal einen lauten Knall. Tim, unser Klassenclown, hatte eine Papiertüte knallen lassen – mit dem Erfolg, dass nun das Wildschein einen Riesenschreck bekam und Reißaus nahm.

E ○ Stattdessen hörten wir auf einmal etwas ganz anderes: ein lautes Grunzen, das ganz und gar nicht freundlich klang – und immer näher kam. Was war das? Uns wurde Angst und Bange.

(1) Unsere Klasse lief nun schon seit einer halben Stunde einen langweiligen Feldweg entlang, da hatte Paul eine Idee.

F ○ Plötzlich sahen wir ein wütendes Wildschwein, das geradewegs auf uns zusteuerte.

G ○ Ich fand die Idee prima. Wir seilten uns ab und waren bald ganz im Dickicht der Maispflanzen verschwunden.

## 52 Wortfelder anlegen

Du hast dich entschieden, über welches Erlebnis du schreiben möchtest? Gut! Überlege dir nun, bevor du beginnst, welche Wörter zu deinem Thema passen. Ganz einfach geht das, indem du Wortfelder anlegst, die du nach Wortarten (Nomen, Verben, Adjektive) sortierst. Du kannst Wörter aus diesen Wortfeldern dann nach und nach in deine Geschichte einbauen. Vielleicht fallen dir auch ein paar Redewendungen ein?

Streiche in den folgenden Wortfeldern die Wörter, die nicht zum Thema „Angst“ passen.

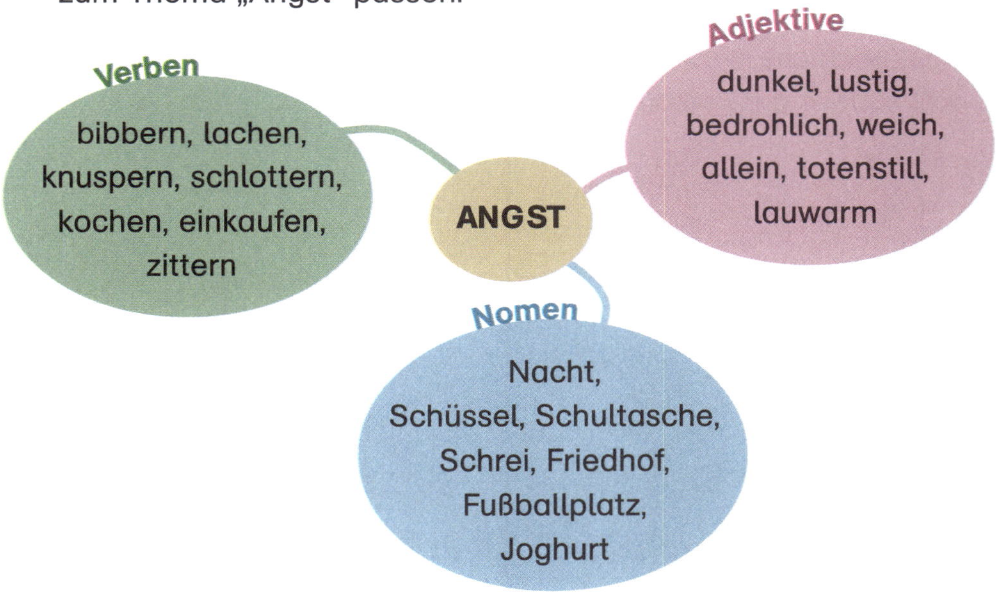


Kannst du auch die folgenden Redewendungen vervollständigen?

1. Es lief mir eis _ _ _ _ den R _ _ _ _ _ _ hinunter.

2. Mir sc _ l o _ t _ _ t e _ die K _ _ _.

## 53 Wörtliche Rede verwenden

Deine Erzählung kannst du spannender gestalten, indem du die Personen in der Erzählung selbst sprechen lässt.

Schau dir die beiden Beispiele an:

| | |
|---|---|
| Julius kam mir entgegen gerannt und bat mich, ihm zu helfen. | Julius kam mir entgegen gerannt und keuchte: „Du musst mir helfen!“ |

Im zweiten Beispiel spricht Julius selbst. Das wirkt gleich viel lebendiger.

Jetzt versuche es selbst einmal. Schreibe die folgenden Sätze um, sodass die Personen selbst sprechen.

1. Ich fragte ihn, was passiert war.
   Ich fragte ihn: „ ______________________________________ ?“
2. Julius berichtete aufgeregt, dass zwei Jungs seine Sportschuhe gestohlen hatten.
   Julius berichtete aufgeregt:
   „ ______________________________________________________ .“
3. Ich meinte, dass wir die beiden sofort verfolgen müssten.
   Ich meinte: „ ________________________________________ .“

## 54 Satzzeichen bei der wörtlichen Rede

Sieh dir den folgenden Satz an, er besteht aus der **wörtlichen Rede** und dem **Begleitsatz**.

Das **Anführungszeichen unten („)** zeigt dem Leser, wo die wörtliche Rede beginnt. Das **Satzschlusszeichen oben (“)** zeigt an, wo die wörtliche Rede endet. Steht der Begleitsatz vorn, musst du vor der wörtlichen Rede einen Doppelpunkt setzen.

Julius keuchte: „Komm, du musst mir helfen!“

Begleitsatz — wörtliche Rede

Der Begleitsatz, kann auch **nach** oder **zwischen** der wörtlichen Rede stehen:

„Komm, du musst mir helfen!“, keuchte Julius.
„Komm“, keuchte Julius, „du musst mir helfen!“

Punkt, Ausrufezeichen und Fragezeichen stehen vor dem Satzschlusszeichen: „Achtung!“

Das Komma steht nach dem Satzschlusszeichen: „Achtung!“, rief meine Mutter.

Und nun du! Setze die fehlenden Satzzeichen ein.

1. Ich fragte ◯ ◯ Fahren wir jetzt los ◯ ◯
2. ◯ Stopp ◯ ◯ ◯ schrie Paul, ◯ da kommt ein Auto ◯ ◯
3. ◯ Auf die Plätze, fertig, los ◯ ◯ rief der Trainer.

## 55 Mit Adjektiven spannend beschreiben

Deine Erzählung wird viel spannender, wenn du die **Gedanken** und **Gefühle** der handelnden Personen beschreibst. Verwende dazu möglichst viele unterschiedliche Adjektive.

Setze die passenden Adjektive in die Lücken ein – und schon wirkt der Text gleich viel abwechslungsreicher.

langsam merkwürdig schmerzerfüllt enttäuscht
ärgerlich gelangweilt unerträglich ungeduldig

… Endlich Wochenende! Gleich ging es los. Wir wollten mit unserer Handballgruppe ins Allgäu fahren. Noch saßen wir allerdings vor der Sporthalle und die Warterei zog sich **1** ______________________ in die Länge. „Wann fahren wir endlich los?", maulte Kati **2** ______________________. Einige hüpften **3** ______________________ hin und her. Der Busfahrer packte aber in aller Seelenruhe das nächste Brötchen aus und biss hinein. Kati balancierte in der Zwischenzeit auf dem dünnen Metalltor vor der Einfahrt. „Hör auf damit, Kati!", rief unsere Trainerin noch **4** ______________________. Aber da passierte es auch schon. Rums! Kati landete mit einem lauten Knall auf dem Boden. **5** ______________________ richtete sie sich auf. „Aua", jammerte Kati **6** ______________________. Ihr Arm hing **7** ______________________ verdreht an ihrem Körper. „Schade", meinte sie **8** ______________________. „Für mich ist die Fahrt wohl hier schon zu Ende."

## 56 Erlebnisse nicht vermischen

Moritz hat in seinem Aufsatz zum Thema „Als ich eine Heidenangst hatte“ zwei Geschichten vermischt. Unterstreiche alle Sätze, die nicht passen.

Wichtig ist, dass du immer nur über **ein** Erlebnis schreibst und nicht mehrere Erlebnisse vermischst.

**Schreck um Mitternacht**

Die Uhr im Wohnzimmer schlug gerade Mitternacht. Geisterstunde! Schlaflos lag ich in meinem Bett. Unruhig wälzte ich mich von links nach rechts und dann wieder von rechts nach links. Plötzlich hörte ich ein Kratzen über mir. Was war das? Über mir war der Dachboden. Heute Nachmittag hatte meine Schwester dort ihren Geburtstag gefeiert. Die ganze Verwandtschaft und Freunde waren gekommen. Wir machten viele Spiele und hatten einen Riesenspaß. Noch lustiger wurde es später, als meine Schwester in ihre eigene Geburtstagstorte fiel. Die war vielleicht sauer! Wir anderen lachten allerdings, bis wir nicht mehr konnten. Das Kratzen wurde immer lauter und nun ertönte auch noch ein markerschütterndes Geheul. Ich packte all meinen Mut zusammen und schlich hoch zum Dachboden. Mit einer Heidenangst öffnete ich die Türe. Da schoss mir auf einmal etwas Behaartes entgegen. Dackel Lupo! Unser vergesslicher Onkel Otto hatte heute Nachmittag tatsächlich seinen eigenen Hund auf dem Dachboden vergessen. Ich brachte den armen Lupo in die Küche und gab ihm Wasser und Futter. Dann legte ich mich erleichtert ins Bett und schlief endlich ein.

## 57 In der richtigen Zeitform schreiben

In einer Erlebniserzählung erzählst du etwas, das in der **Vergangenheit** passiert ist. Deshalb schreibst du sie immer im **Präteritum**.

Hier siehst du einen Ausschnitt aus Svenjas Aufsatz. Aber so ein Ärger – Svenja hat ihren Saft darüber verschüttet. Nun kann man einige Verben nicht mehr lesen. Setze die passenden Verben im Präteritum ein.

**Mein erster Tag in der neuen Schule**
Ich w erst vor zwei Wochen in die Stadt gezogen und ka hier noch niemanden. An diesem Tag gi ich zum ersten Mal in die neue Schule. Ich ha ein ganz schön komisches Gefühl, als ich das Klassenzimmer betr. Ich schau mich fragend um. In der ersten Reihe sa ein Mädchen, das mich freundlich anlä. Ein anderes Mädchen, das ebenfalls freundlich aussa, sta auf und bo mir einen Platz an. Ein blonder Junge hie mir das Lesebuch hin. Ich sol daraus vorlesen. Was für ein Glück, dass ich so gut lesen kon. Dann ga die Lehrerin ein Zeichen und es wur auf einmal ganz still. Ich frag mich, was nun wohl geschehen würde. Die Schüler blick die Lehrerin ganz ernst an. Ich wus nicht was los wa und w immer aufgeregter. Was würde wohl passieren? Da sa die Klasse auf einmal ein Lied – nur für mich! Es w ein lustiges Lied und hand von wilden Tieren.
Ich li glücklich nach Hause und erzä meinen Eltern von meinem ersten Schultag an der neuen Schule.

## 58 Abwechslungsreiche Satzanfänge

Tom hat einen Erlebnisbericht über den Schulausflug in den Hochseilgarten geschrieben. Leider hat er noch Probleme mit den Satzanfängen. Unterstreiche die Wörter, die immer wieder vorkommen rot.

… Und dann durfte ich mit Mia und unserem Sportlehrer Herrn Bröck zu Pfad 5, der als „mittelschwer" gekennzeichnet war. Dann stieg Herr Bröck zur Plattform hinauf. Dann folgte Mia und zum Schluss erklomm ich die Leiter. Dann sicherte sich Mia mit dem Karabiner und machte vorsichtig den ersten Schritt auf das gespannte Drahtseil. Und dann verlor sie das Gleichgewicht und fing an zu schwanken. Und dann konnte sie das Gleichgewicht nicht mehr halten. Und dann ließ sie sich mutig in das Sicherungsseil fallen. Dann rief Herr Bröck einen der Angestellen. Dann wurde Mia abgeseilt.

Das klingt furchtbar, nicht wahr? Du kannst Tom sicher helfen, seinen Text abwechslungsreicher zu gestalten. Streiche jedes unterstrichene Wort und schreibe ein passendes Wort aus der Wortschlange darüber.

SCHNELLSOFORTANSCHLIESSENDENDLICHSCHLIESSLICHDOCHNUNPLÖTZLICHZUERST

## 59 Das Wichtigste zur Nacherzählung

Eine weitere Aufsatzart, die dir immer wieder begegnet, ist die **Nacherzählung**. Wenn du die folgenden wichtigen Punkte beachtest, wird dir das Schreiben einer Nacherzählung sicher nicht schwerfallen.

Verbinde die passenden Kästen und schon weißt du, worauf es bei der Nacherzählung ankommt.

1. Bei der Nacherzählung denke ich mir **keine neue Geschichte** aus, sondern
2. Die **Abfolge der Handlung** folgt der Vorlage. Alle **wichtigen Personen** müssen
3. Die wichtigsten Handlungsteile kommen vor, ich
4. Ich lese genau und
5. Ich verwende das
6. Ich lasse die Personen

A. in der **direkten Rede** sprechen.
B. gebe den Text in **eigenen Worten** und **so genau** wie möglich wieder.
C. notiere Stichpunkte in der richtigen Reihenfolge.
D. erwähnt werden.
E. erfinde aber **nichts** hinzu!
F. **Präteritum**.

## 60 Stichpunkte zu einer Nacherzählung notieren

Lies zunächst die Fabel und dann die Stichpunkte, die Franzi für ihre Nacherzählung notiert hat. Sie hat sie leider auf einzelne Zettelchen geschrieben und ein Windstoß hat alle völlig durcheinander gebracht. Nummeriere die Zettelchen in der richtigen Reihenfolge.

**Der Fuchs und der Esel**

Ein Esel warf einmal eine Löwenhaut um sich her, lustwandelte mit stolzen Schritten im Wald und schrie sein „i-ahh, i-ahh“ aus allen Kräften, um die anderen Tiere in Schrecken zu versetzen. Alle erschraken, nur der Fuchs nicht. Dieser trat keck vor ihn hin und höhnte ihn: „Mein Lieber, auch ich würde vor dir erschrecken, wenn ich dich nicht an deinem ‚i-ahh’ erkannt hätte. Ein Esel bist und bleibst du!“

(nach Aesop)

## 61 Eine Nacherzählung schreiben

Hier kannst du nun die Nacherzählung lesen, die Yvonne zur Fabel von S. 265 geschrieben hat. Leider haben sich jede Menge Fehler eingeschlichen, weil Yvonne die wichtigen Punkte, die bei einer Nacherzählung beachten werden müssen S. 264, wohl nicht mehr im Kopf hatte.
Streiche zunächst alle Sätze und Wörter durch, die nicht in eine Nacherzählung gehören. Wo findest du noch Fehler? Unterstreiche die Stellen.

**Der Fuchs und der Esel**
Ein Esel wirft eine struppige, alte Löwenhaut um sich. Lange betrachtete er sein Spiegelbild im See und lustwandelte mit stolzen Schritten im Wald umher. Außerdem dachte er, er hätte eine schöne und laute Stimme. Der Esel schrie aus Leibeskräften „i-ahh, i-ahh“, um die anderen Tiere in Schrecken zu versetzen. Alle hatten große Angst, nur der listige Fuchs nicht. Der Fuchs kam aus seinem Bau, wo er gerade geschlafen hatte, trat vor den Esel und verspottete ihn. Er sagt: „Mein Lieber, auch ich würde vor dir erschrecken, wenn ich dich nicht an deinem ‚i-ahh‘ erkannt hätte. Ein Esel bist und bleibst du!“ Somit war der listige Fuchs, der einzige, der die Verkleidung des Esels durchschaut hatte.

Schreibe nun selbst eine Nacherzählung zur Fabel, in der du alle wichtigen Punkte beachtest.

## 62 Eine Reizwortgeschichte schreiben

Wie heißen die vier Gegenstände im Regal? Schreibe ihre Namen in die leeren Felder … und schwups, schon werden daraus Reizwörter für eine Geschichte! Nun bist du gefragt: Schreibe eine Fantasiegeschichte in der Ich-Form und baue dabei alle Wörter ein, die du aufgeschrieben hast.

Schau dir vorher noch einmal auf S. 8 und 9 an, welche Punkte du für eine gelungene Erzählung beachten musst.

**Ich sehe was, was du auch siehst!**
Zusammen mit Freunden macht das Geschichtenschreiben noch viel mehr Spaß! Sucht euch 5 Gegenstände heraus – das sind eure Reizwörter. Nun schreibt jeder zu denselben Wörtern seine eigene Reizwortgeschichte. Ihr werdet staunen, wie unterschiedlich eure Geschichten werden.

## 63 Die Erzählperspektive ändern

Erzählen kannst du aus unterschiedlichen Blickrichtungen. Man nennt diese Blickrichtungen **Erzählperspektiven**.

Manche Geschichten werden von einer **dritten Person** erzählt, die sozusagen von außen auf das Geschehen schaut.
Beispiel:
Mit letzter Kraft packte Alex Finns Arm. „Gut festhalten", rief ihm Finn zu, „ich ziehe dich jetzt hoch." „Mach schnell", keuchte Alex, „ich kann nicht länger!"

Eine andere Erzählperspektive ist die **Ich-Form**. Du verwendest sie immer dann, wenn du etwas erzählst, das du selbst erlebt hast.
Beispiel:
Mit letzter Kraft packte **ich** Finns Arm. „Gut festhalten", rief **mir** Finn zu, „ich ziehe dich jetzt hoch." „Mach schnell", keuchte **ich**, „ich kann nicht länger!"

Versetze dich nun an Toms Stelle und schreibe den folgenden Text in die Ich-Form um. Vergiss dabei nicht, alle Pronomen entsprechend anzupassen.

**Siebenmeter**

„Was für ein Fiesling!" Der Gegner hatte Tom mit der Hand ins Gesicht getroffen. Sofort entschied der Schiedsrichter auf Siebenmeter gegen den Feigling. Tom nahm den Ball und konzentrierte sich auf den Torwart. Er stellte ihn sich als Winzling vor und versenkte den Ball sicher im Tor.

# 3 Informierende Texte

## 64 Einen Merkzettel schreiben

Maja will gerade zu ihrer Freundin, als das Telefon klingelt – wieder einmal ein Anruf für ihre große Schwester Anni! Lies nun zuerst das Telefongespräch.

Maja: Maja Wagner.
Hannes: Hi Maja! Hier ist Hannes. Ist Anni da?
Maja: Nein, die ist kurz im Garten. Soll ich ihr etwas ausrichten?
Hannes: Ja, sagst du ihr bitte, dass wir uns um 14 Uhr mit Dominik und Lisa vor dem Jugendhaus treffen. Und sie soll ein wenig Geld mitnehmen. Wir wollen zum Minigolfspielen.
Maja: Gut, mache ich! Tschüss Hannes.
Hannes: Prima, vielen Dank! Tschüss Maja.

Maja kritzelt alle Informationen, die für Anni wichtig sind, auf einen Merkzettel. Was steht darauf?

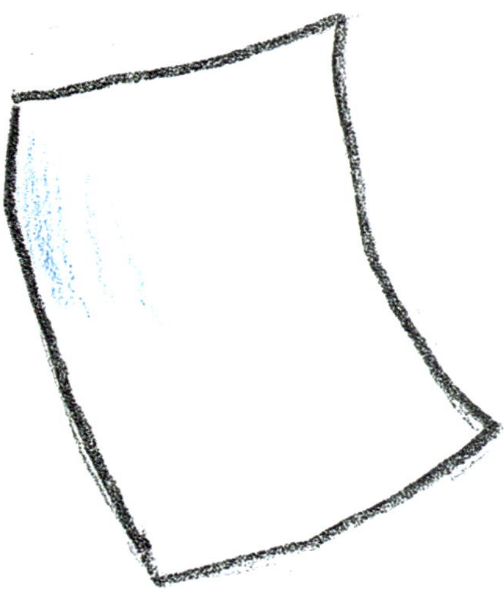

Was sind **wichtige** Informationen? Die **5 Ws** helfen dir weiter: **WER – WAS – WO – WANN – WARUM**. Es reicht aus, wenn du auf einem Merkzettel einzelne Wörter notierst. Du musst keine ganzen Sätze schreiben.

## 65 Eine Nachricht schreiben

Eine Nachricht ist wie ein ganz kleiner Brief. Sie enthält die wichtigsten Informationen für den Empfänger (wer? was? wo? wann? warum?). Eine Nachricht hat immer eine Anrede, damit man weiß, für wen die Information bestimmt ist.

Maja schreibt nun aus ihren Notizen von S. 269 eine Nachricht. Fülle die Lücken: welche W-Fragen hat Maja beachtet (blau) und welche hat sie vergessen (rot)? Schreibe die Antwort auf die W-Fragen in die zweite Lücke.

W______?: ____________________

W______?: ____________________

W______?: ____________________

W______?: ____________________

W______?: ____________________

Vervollständige nun die Nachricht.

Hallo ____________________

Hannes hat angerufen. Du sollst ____________________ zum Jugendhaus kommen. Ihr trefft euch dort mit Dominik und Lea. Du sollst auch etwas Geld mitbringen, weil

____________________________________________________.

Grüße Maja

## 66 Eine Postkarte schreiben

Magnus macht Urlaub mit seinem Onkel Franz. Er schreibt eine Postkarte an seine Großeltern. Magnus hat an alle wichtigen Teile, die eine Postkarte enthalten muss, gedacht:

**Absender – Anrede – Text – Schlussformel – Anschrift.**

Der Absender wird auf Postkarten auch oft weggelassen.

Schreibe die passenden Begriffe in die Kästchen.

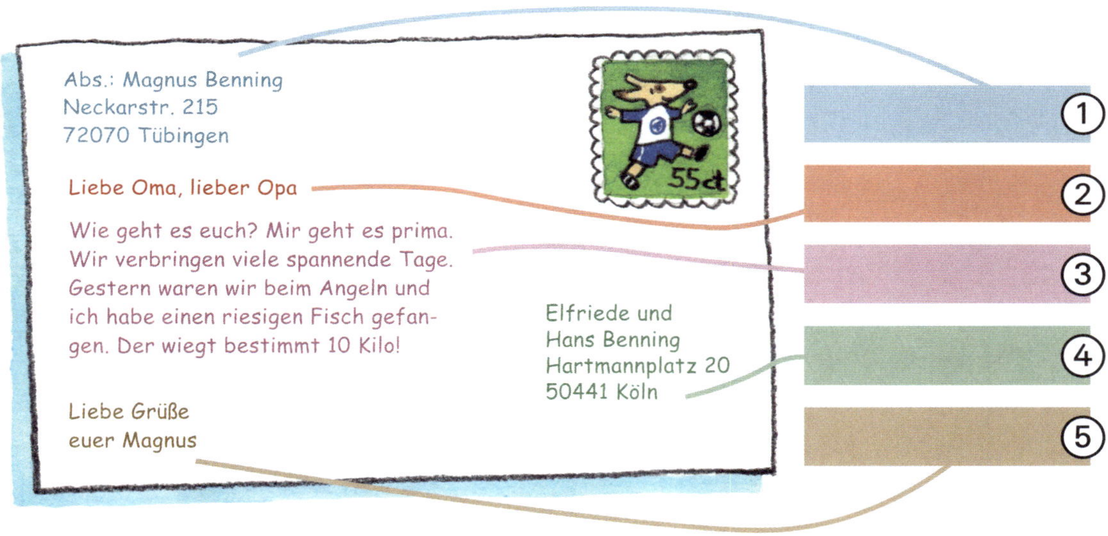


**Überraschungspost!**
Und wann hast du das letzte Mal eine Postkarte geschrieben? Postkarten werden leider immer seltener – eigentlich schade, oder? Postkarten musst du nicht unbedingt aus dem Urlaub schreiben. Witzig ist es auch, wenn du jemandem schreibst, der überhaupt nicht damit rechnet, zum Beispiel deinem besten Freund, der um die Ecke wohnt oder deinen Eltern. Hier musst du natürlich klammheimlich vorgehen! Was meinst du, wie die staunen.

## 67 Einen Gegenstand beschreiben

Wenn du etwas beschreibst, ist es wichtig, dass du möglichst viele Einzelheiten wiedergibst. Zum Beispiel: **Form** (rechteckig, rund, lang, flach), **Größe** und **Gewicht** (groß, klein, leicht, schwer), **Farbe** und **Muster** (blau, schwarz-grau gestreift) und **Beschaffenheit** (hart, glibberig). Wenn es andere Gegenstände gibt, die deinem ähneln, hilft es, wenn du Einzelheiten hervorhebst, die den Gegenstand von anderen unterscheiden.

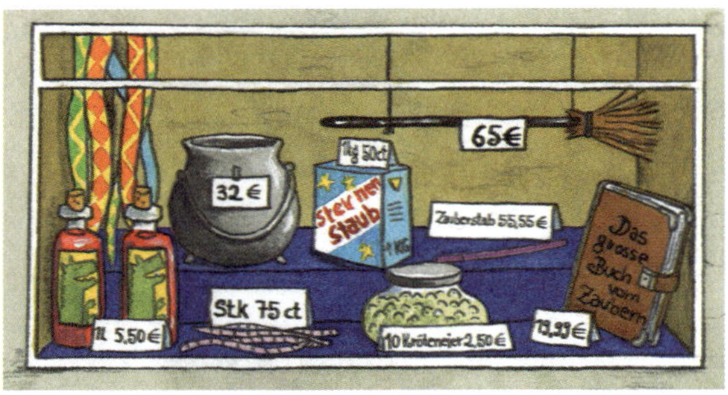


Hexe Zauberfix steht vor dem Schaufenster ihres Lieblingshexenladens und lächelt glücklich – sie hat drei Dinge eingekauft. Lies ihre Beschreibungen und schreibe auf, was sie gekauft hat.

Der **erste** Gegenstand ist rund, grau und aus Eisen. Er ist sehr schwer und ungefähr so groß wie ein großer Kochtopf. Er hat vier Beine und einen Henkel.

Der **zweite** Gegenstand ist aus Papier. Vorne und hinten ist er aus festerem braunem Papier. Er hat viele Seiten aus weißem Papier und einen Riemen mit einer Schnalle. Die Vorderseite meines Gegenstandes ist beschriftet.

Der **dritte** Gegenstand ist aus Holz und sehr leicht. Er ist ungefähr dreißig Zentimeter lang, sehr dünn und lilafarben.

1. ________________ 2. ________________ 3. ________________

## 68 Ein Tier beschreiben

Die Klasse 2c war im Zoo. Annika, Simon und Felix beschreiben abends, welche Tiere sie gesehen haben. Verbinde die Beschreibungen mit den passenden Tieren.

Annika

① Mein Tier ist groß und hat ein dickes Fell, das meistens braun oder schwarz ist. Es hat kleine Ohren, einen kurzen Schwanz und große Tatzen mit scharfen Klauen.

Felix

② Mein Tier ist lang und hat kurze Beine. Sein Maul ist groß und hat viele scharfe Zähne. Es ist grün, seine Haut besteht aus einem Panzer mit vielen Schuppen und es hat einen langen Schwanz.

Simon

③ Mein Tier hat vier Beine, es steht aber meistens auf zwei. Es hat einen langen und kräftigen Schwanz, mit dem es sich abstützt. Es kann sehr weit springen.

Und nun – etwas Bewegung!
**Ich sehe was, was du nicht siehst ...** Tiere und Gegenstände raten macht Spaß – je ausgefallener, desto besser! Für dieses Spiel brauchst du einen Partner und eine Stoppuhr. Stoppe genau zwei Minuten – soviel Zeit hat dein Partner, um eine blitzschnelle Runde durch die Wohnung oder den Garten zu drehen und einen tollen Gegenstand zu finden. Wenn er zurück ist, beschreibt er dir den Gegenstand genau – na, kommst du drauf? Nun bist du an der Reihe. Wenn der Gegenstand klein ist, nehmt ihn mit, dann könnt ihr sehen, ob die Beschreibung auch wirklich stimmt. Bei einem größeren Gegenstand könnt ihr gemeinsam wieder hinlaufen und prüfen, ob alles richtig beschrieben war!

## 69 Genau beschreiben – Merkmale finden

Bei einer Beschreibung ist es wichtig, dass du besondere Merkmale findest, die du beschreibst. Du gehst dabei vom Allgemeinen in die Einzelheiten.

Dass Einzelheiten oft den kleinen Unterschied ausmachen, siehst du hier. Vervollständige die folgenden Beschreibungen mit den folgenden Wörtern – manche musst du zweimal verwenden!

Essen, Plastik, auf die Gabel schieben, Metall, silbern, gelb, aufspießen, Schneide, schwarz, Zinken, schneiden, zum Mund führen

(A) Mein Gegenstand ist aus 1 ____________________ und aus 2 ____________________. Der Teil aus Plastik ist 3 ____________________ und 4 ____________________. Der Metallteil ist 5 ____________________. Man benutzt meinen Gegenstand beim 6 ____________________. Der Teil aus Metall hat vier 7 ____________________. Damit kann man Essensstücke 8 ____________________ und zum 9 ______________________________.

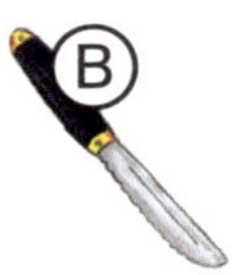

(B) Mein Gegenstand ist aus 1 ____________________ und aus 2 ____________________. Der Teil aus Plastik ist 3 ____________________ und 4 ____________________. Der Metallteil ist 5 ____________________. Man benutzt meinen Gegenstand beim 6 ____________________. Der Teil aus Metall hat eine 7 ____________________. Damit kann man Essensstücke 8 ____________________ und 9 ______________________________.

## 70 Wichtige Dinge notieren

Wenn du wichtige Dinge notierst, denke immer an die W-Fragen:
**WER? WAS? WANN? WO? WOZU?**

Die Klasse 4b macht einen mehrtägigen Ausflug an die Nordsee. Ihr Klassenlehrer Herr Marks teilt der Klasse am Ende der Stunde wichtige Informationen mit. Notiere sie in die richtigen Kästen.

… „Also meine Lieben, am Wochenende geht es los. Wir treffen uns am Freitag um 6 Uhr am Bahnhof auf Gleis 5. Unser Zug fährt um 6 Uhr 27 ab, also seid bitte pünktlich. Wir wohnen in der Jugendherberge auf Borkum. Am Samstag machen wir eine Wattwanderung. Am nächsten Tag werden wir morgens den Leuchtturm in Borkum besteigen. Den restlichen Tag verbringen wir dann am Strand. Bitte nehmt einen Rucksack mit. Vergesst nicht eure Gummistiefel und eure Badesachen, eine Trinkflasche und eure Schülerausweise. Wir kommen am Sonntagabend um 19 Uhr wieder an. Außer mir begleitet euch noch die Referendarin Frau Luppert.

WER? (Personen)

WANN, WIE LANGE? (Zeit)

WO? (Ort)

WAS, WOZU? (Ereignisse)

## 71 Einen Notizzettel schreiben

Heute Abend will Julia mit ihrem Vater einen Kaninchenstall für ihr Kaninchen Schluppi bauen. Die Materialien haben sie schon besorgt und im Keller verstaut. Mittags ruft ihr Vater von der Arbeit an und sagt, was sie schon einmal aus dem Keller holen soll. Julia notiert fleißig mit. Vergleiche das, was Julias Vater gesagt hat mit ihrem Notizzettel. Trage die fehlenden Dinge ein und korrigiere die Fehler.

Julias Vater: „Hole bitte die 5 Bretter und die 4 kleinen Holzbeine hoch. Dann brauchen wir noch den Gitterdraht, die 4 Holzleisten und die 2 Scharniere. Bring auch bitte die Box mit den Nägeln, den Hammer und den Schraubenzieher mit. Ach ja, und vergiss die gelbe Farbe nicht!“

**Geschwindigkeitsrekord!**
Wie viel kannst du in kürzester Zeit notieren? Lass dir von deiner Mutter oder deinem Vater die Einkaufsliste vorlesen. Sie dürfen ruhig bisschen schneller als sonst lesen! Versuche soviel wie möglich aufzuschreiben – so kannst du üben schnell zu schreiben und gleichzeitig aufmerksam zuzuhören! Trete im Wettkampf gegen deine Eltern an. Na, wer schneidet besser ab?

## 72 Welche Person steckt im Steckbrief?

Wenn du Personen beschreibst, darfst du folgende Merkmale nicht außer Acht lassen:
**Haare und Haarfarbe, Augenfarbe, Gesichtsform, Kleidung, auffällige Merkmale**. Sage auch immer, ob es sich um eine Frau, ein Mädchen, einen Mann oder einen Jungen handelt.

Schau dir den Steckbrief an. Welche der drei Personen rechts ist beschrieben? Umkreise sie.

**Steckbrief**
Haare und Haarfarbe: glatt, rot
Augenfarbe: braun
Gesichtsform: rund
Kleidung: grün-weiß gestreifter Pullover
Auffällige Merkmale: keine

## 73 Merkmale von Personen

Mit diesen Merkmalen kannst du Personen gut beschreiben. Aber Achtung, es haben sich drei Wörter dazwischen geschmuggelt, die hier nichts zu suchen haben. Streiche sie.

Haare: glatt, lockig, hell, fein, laut, dick, lang, kurz, dunkel
Augen: hell, dunkel, blau, grün, braun, orange, schwarz
Gesichtsform: rund, eckig, oval, dreieckig, länglich
Auffällige Merkmale: buschige Augenbrauen, Knollennase, spitzer Mund, ...

## 74 Tiere beschreiben

Hoppla, Ira sollte einen Fisch beschreiben, doch da ist etwas schief gegangen. Dauernd kommt sie durcheinander und am Schluss haben sich noch zwei weitere Tiere in ihre Beschreibung verirrt – findest du heraus welche?

Mein Tier ist klein und hat Flossen. Es schläft kopfüber hängend und hat ein Ringelschwänzchen. Es fliegt nachts und atmet durch seine Kiemen. Es wälzt sich gerne im Schlamm, um sich abzukühlen.

Diese Tiere sind aus Versehen in Iras Beschreibung geraten:

1. ______________________, 2. ______________________

Das wäre auch ein ganz schön komisches Tier, das Ira da beschrieben hat. Hier hast du Platz, um es zu malen – findest du auch einen Namen für dieses merkwürdige Tier?

„Das ist ein

______________________"

## 75 Kleidung beschreiben

Milan hat seine Lieblingsturnschuhe in der Sporthalle liegen lassen. So ein Ärger! Sie sind aus ganz weichem Leder und so bequem. Er geht zum Hausmeister und beschreibt sie genau.

Schau dir die Schuhe an und ergänze die Lücken.

Meine Turnschuhe haben (Größe) die Größe 35 . Sie sind (Farbe) 1 ________. Sie sind aus (Material) 2 ________. Sie haben weiße Schnürsenkel, drei (auffällige Kennzeichen) 3 ________ an der Seite und drei (auffällige Kennzeichen) 4 ________ auf der Kappe.

## 76 Genau beschreiben durch Adjektive

Denke bei der Beschreibung von Kleidungsstücken immer daran, so viele Merkmale wie möglich zu beschreiben – das geht besonders gut mit Adjektiven. Schreibe die Adjektive und auch die anderen Wörter aus dem Beutel in die richtige Zeile.

**Form:** ________
**Farbe:** ________
**Material:** ________
**Muster:** ________
**Auffällige Merkmale:** ________
________
________
________

## 77 Einen Weg beschreiben

Henning ist neu in der Stadt, aber er hat schon einen neuen Freund: Sander. Heute wollen sie sich am Bolzplatz treffen. Sander hat eine Wegbeschreibung aufgeschrieben. Schau dir den Stadtplan an und dann die Wegbeschreibung – wieso findet Henning nicht zum Bolzplatz?

Du musst von dir aus die Schillerstraße langfahren, dann fährst du nach rechts. Der Bolzplatz ist dann gleich um die Ecke.

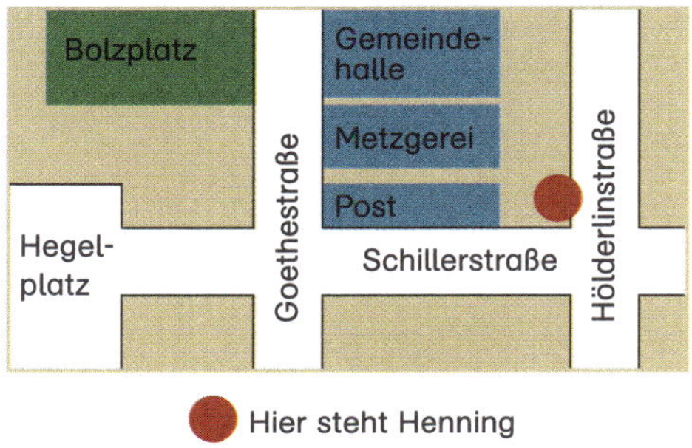


Ziemlich ungenau, die Beschreibung von Sander, nicht wahr? Mit genauen Verben und Adjektiven, die Richtungen angeben, geht das viel besser. Setze die passenden Wörter ein:

Gegenüber abbiegen vorbei geradeaus in Richtung

Du fährst die Schillerstraße **1** ______________________

Hegelplatz. An der Post musst du rechts in die Goethestraße

**2** ______________. Fahre immer **3** ______________, an

der Metzgerei **4** ______________ bis zur Gemeindehalle.

**5** ______________ von der Gemeindehalle ist der Bolzplatz.

## 78 Eine Anleitung schreiben

In Anleitungen beschreibst du **Vorgänge**. Damit diese Vorgänge richtig ablaufen und der Leser weiß, was er zu tun hat, musst du auf die richtige Reihenfolge achten. Kommst du durcheinander? Dann gehe den Vorgang Schritt für Schritt in Gedanken durch und mache dir Notizen. Es hilft, wenn du die einzelnen Schritte nummerierst.

Linas und Roberts Mutter ist unterwegs und wird es heute nicht rechtzeitig zum Mittagessen schaffen. Sie hat das Essen schon einmal vorbereitet und den beiden ganz genau beschrieben, was sie damit machen sollen. Bringe die einzelnen Schritte in die richtige Reihenfolge.

**Nudelauflauf erwärmen**

◯ Wenn der Backofen vorgeheizt ist, Auflaufform aus dem Kühlschrank nehmen.
(1) Backofen 10 Minuten auf 180 Grad vorheizen.
◯ Alufolie von der Auflaufform nehmen.
◯ Den Nudelauflauf mit Käse (ganz oben im Kühlschrank) bestreuen.
◯ Nudelauflauf in den Backofen stellen.
◯ Für 15 Minuten im Backofen lassen.
◯ Auflaufform mit einem Handschuh aus dem Ofen nehmen und abkühlen lassen.
◯ Backofen ausschalten!!!

GUTEN APPETIT!

## 79 Ein Rezept schreiben

Auch ein Rezept ist eine Anleitung. Damit das Ergebnis gut schmeckt, musst du unbedingt die Reihenfolge der einzelnen Schritte einhalten.

Kennst du „Arme Ritter“? Das ist leicht zu machen und schmeckt lecker! Leider sind hier ein paar Rezeptteile verloren gegangen. Kannst du die Lücken füllen?

einweichen · Eier · Milch · Seiten · zerlassen · goldbraun · Zimt · Brotscheiben · Inzwischen · servieren

Die **1** ____________ mit der **2** ____________ verquirlen.
Die Brotscheiben gut darin **3** ____________ lassen.
**4** ____________ die Butter in einer Pfanne **5** ____________.
Die **6** ____________ in der Butter **7** ____________ anbraten, bis sie von beiden **8** ____________ knusprig sind. Noch heiß mit Zucker und **9** ____________ bestreuen und warm **10** ____________.

**Nur für ... mich!**
Schreib doch mal dein Lieblingsrezept auf und gib es dann zum Nachkochen dem besten Koch in eurer Familie. Am meisten hast natürlich du davon!

## 80 Zutaten für ein Rezept notieren

In dem folgenden Text erfährst du, woher der Hamburger kommt. Lies den folgenden Text aufmerksam durch.

**Kommt der Hamburger aus Amerika?**
Es gibt mehrere Erklärungen dafür, wie der Hamburger zu seinem Namen kam. Eine Geschichte erzählt, dass der Hamburger mit deutschen Einwanderern nach Amerika kam. Dort gab es viele arme Leute. Um Besteck zu sparen, legte man ein Hackfleischstück zwischen zwei Brötchenhälften, zusammen mit Tomaten- und Gurkenscheiben, Zwiebeln, Salat und einer Scheibe Käse. Die Brötchen verkaufte man aus dem Wohnwagen heraus, was sehr praktisch war, weil der Verkäufer kein teures Restaurant brauchte.

So ganz nebenbei hast du auch erfahren, welche Zutaten in einen Hamburger gehören. Schreibe nun die Zutaten zwischen die Brothälften – du kannst auch deine eigenen Lieblingszutaten dazuschreiben.

81

# Eine Bastelanleitung

Papierschiffe hast du bestimmt schon oft gebastelt, aber hast du schon einmal versucht jemandem die einzelnen Arbeitsschritte genau zu beschreiben? Fülle die Lücken mit den passenden Wörtern.

Schiff Falte Daumen Öffne Ziehe Hut Streifen unten

1. ______ das Papier in der Mitte.

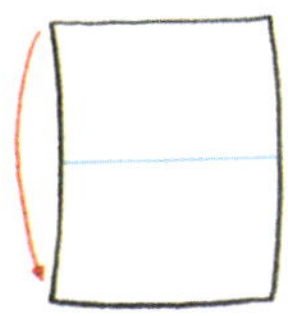

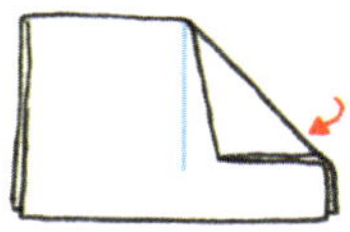

2. Falte nun die oberen Ecken an der blauen Linie nach ______.

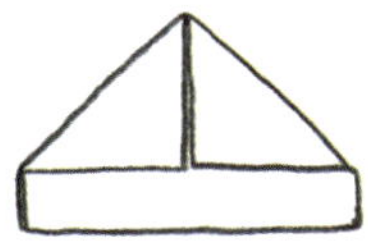

3. Geschafft! Nun sieht es so aus.

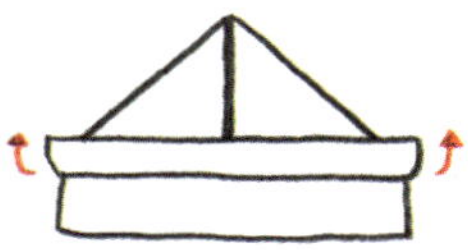

4. Falte nun den vorderen unteren ______ nach oben.

5. Drehe es nun um und falte den anderen unteren Streifen nach oben. Nun hast du einen ______.

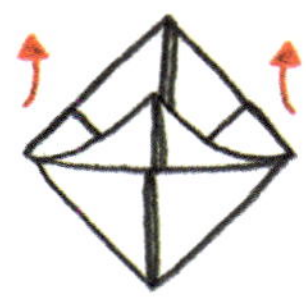

6. Öffne den Hut und lege deine ______ rein. Falte jetzt die obere und die untere Spitze aufeinander.

7. Nun sieht es so aus.

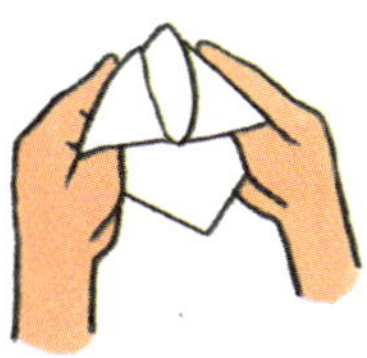

8. ______ nun den Hut wieder und lege ihn so aufeinander.

9. ______ nun an der oberen Ecke in Richtung der Pfeile – so weit wie möglich.

10. Nun ist das ______ fertig.

**Bunte Schiffe**
Das kannst du gleich nachbasteln. Ein Papierschiff muss nicht immer langweilig weiß sein. Du kannst es verzieren und anmalen.

## 82 Eine Einladung schreiben

Kilian lädt seinen Freund Marius zu seiner Halloween-Party ein. Benenne die einzelnen Teile seiner Einladung – die Regelbox unten hilft dir weiter!

Kilian Kopp
Nelkenweg 4
53111 Bonn

Bonn, den 15.10.2009

Lieber Marius

Ich lade dich ganz herzlich zu meiner Halloween-Party am 31.10. ein. Wir beginnen um 18 Uhr auf unserem Dachboden. Dann ziehen wir los in die Nachbarschaft, um Süßigkeiten zu sammeln. Komm verkleidet! Ich freue mich sehr, wenn du kommst.

Schöne Grüße
dein Kilian

① ______
② ______
③ ______
④ ______
⑤ ______
⑥ ______

Eine Einladung ist ein kleiner Brief. Deshalb müssen – wie bei einem Brief – diese Bestandteile enthalten sein:
**Absender**, **Ort und Datum**, **Anredeformel**, **Text**, **Abschiedsformel**, **Name**.
Die Anrede **du/dein** kannst du groß oder klein schreiben. Personen, die du nicht kennst, sprichst du mit **Sie/Ihnen** an. Diese Anrede wird immer großgeschrieben.

## 83 Einen persönlichen Brief schreiben

Wie bei der Einladung auf der vorherigen Seite, müssen in einem Brief diese Bestandteile enthalten sein:
**Absender, Ort und Datum, Anredeformel, Text, Abschiedsformel, Name.**
Auch hier gilt: die Anrede **du/dein** darfst du groß oder klein schreiben.

Kilian schreibt seiner Cousine Tanja einen Brief, in dem er von seiner Halloween-Party erzählt. Sein Brief ist allerdings nicht vollständig – was fehlt?

Liebe Tanja!

Wie geht es dir? Bist du wieder gesund? Schade, dass du bei meiner Halloween-Party nicht dabei sein konntest. Wir hatten so einen Spaß. Fast meine ganze Klasse ist gekommen. Wir haben uns zuerst auf unserem Dachboden umgezogen und Mama und Papa haben dabei geholfen, uns ganz gruselig zu schminken. Dann haben wir gemeinsam einen riesigen Kürbis ausgehöhlt. Als es dunkel wurde, sind wir losgezogen und haben jede Menge Süßes bei unseren Nachbarn eingesammelt. Die hatten vielleicht Angst bei so vielen Gruselgestalten vor der Tür. Hoffentlich bist du nächstes Jahr dabei.

Kilian

Diese Bestandteile fehlen in Kilians Brief:

1. ______________ 2. ______________ 3. ______________

## 84 Eine E-Mail schreiben

Hast du einen Computer? Dann schreibst du vielleicht E-Mails. Eine E-Mail ist nichts anderes als ein Brief. Es gibt aber ein paar Unterschiede zum Brief in Papierform.

Ein paar Einladungen zur Halloween-Party hat Kilian per E-Mail verschickt. Vergleiche sie mit der Einladung in Briefform auf S. 285. Welche Unterschiede kannst du feststellen.

Von: kilian_kopp@mail.de
An: philiphober@mail.de
Betreff: Halloween-Party

Lieber Philip!
Ich lade dich ganz herzlich zu meiner Halloween-Party am 31.10. ein. Wir beginnen um 18 Uhr auf unserem Dachboden. Dann ziehen wir los in die Nachbarschaft, um Süßigkeiten zu sammeln. Komm verkleidet!
Ich freue mich sehr, wenn du kommst.
Schöne Grüße
dein Kilian

| Das gibt es nur beim Brief: | Das gibt es beim Brief und bei der E-Mail: | Das gibt es nur bei der E-Mail: |
|---|---|---|
| ______________ | ______________ | ______________ |
| ______________ | ______________ | ______________ |

85

## Gegenstände beschreiben

Du kannst einen Gegenstand gut und genau beschreiben, wenn du etwas über seine **Farbe**, seine **Größe** und die **Form** sagst. Wichtig ist auch, woraus der Gegenstand gemacht ist, also das **Material**. Besonders gelungen ist deine Beschreibung dann, wenn du noch die **besonderen Kennzeichen** nennst und sagst, für was der Gegenstand verwendet werden kann. Das nennt man den **Verwendungszweck**.

Schau dir die **grün** markierten Oberbegriffe im Text oben gut an. Zu jedem Fach im Wörterfundbüro passt einer der Begriffe.

Schreibe die passenden Bezeichnungen auf die Zettel.

## 86 Merkmale sammeln und sortieren

Wenn du Gegenstände beschreiben möchtest, ist es sehr hilfreich, zuerst Wörter zu sammeln, die du für deine Beschreibung brauchst. Wenn du die Wörter gleich in Gruppen sortierst, hast du einen besseren Überblick.

Trage nun die Merkmale für die oberen Gegenstände in die Lücken ein.

**Farbe:** ① ________ ② ________ ③ ________

**Größe:** ① ________ ② ________ ③ ________

**Form:** ① ________ ② ________ ③ ________

**Material:** ① ________ ② ________ ③ ________

**Besondere Kennzeichen:** ① ________

② ________ ③ ________

**Verwendungszweck – das kann ich damit machen:** ① ________

② ________ ③ ________

Mach doch mal ein Ratespiel – beschreibe einen Gegenstand, ohne ihn zu benennen. Geh dafür raus vor die Tür und schau, was es dort draußen alles zu beschreiben gibt. Lass deine Eltern, Geschwister oder Freunde raten. Na, wie schnell sind die schnellsten? Du darfst dir hier so richtig schwere Dinge ausdenken. Aber aufgepasst, dann musst du ganz genau beschreiben!

## 87 Merkmale von Personen festhalten

Um Personen gut beschreiben zu können, musst du auf Merkmale wie **Haare** (Farbe, Länge, Beschaffenheit), **Augen** (Farbe, Form), **Gesichtsform, Körperbau** und **Besonderheiten** achten.

**Ganz besondere Mädchen!**

Schau dir die Bilder von Frieda, Emily, Käthe und Lotta ganz genau an und beschreibe so viele Merkmale wie möglich.

Haare: ______________

Augen: ______________

Gesichtsform: ______________

Kleidung: ______________

Haare: ______________

Augen: ______________

Gesichtsform: ______________

Kleidung: ______________

Haare: ______________

Augen: ______________

Gesichtsform: ______________

Kleidung: ______________

Haare: ______________

Augen: ______________

Gesichtsform: ______________

Kleidung: ______________

## 88 Personenmerkmale wiedergeben

Eine Casting-Agentur sucht ein neues Gesicht für eine Kinderserie im Fernsehen.

Unterstreiche zuerst alle Merkmale, die die passende Bewerberin für die Hauptrolle erfüllen muss, rot. Unterstreiche dann alle Merkmale, die die Bewerberin für die Nebenrolle erfüllen muss, blau.

### Neue Stars gesucht!

Der Spaß-Kanal sucht für seine neue Kinderserie „Die verrückten Hühner" Mädchen im Alter zwischen 7 und 9 Jahren. Für die Hauptrolle der frechen „Josy" suchen wir ein sportliches Mädchen. Hast du rote Haare, vorzugsweise mit wilden Locken und ein ausdrucksstarkes, eckiges Gesicht? Dann könntest du unsere „Josy" sein. Für die Nebenrolle ihrer besten Freundin „Kiki" suchen wir ein Mädchen mit einem länglichen Gesicht. Du hast lange, glatte, schwarze Haare und braune Augen? Dann bewirb dich jetzt! Alle Bewerberinnen werden gebeten ein Foto einzusenden. Bitte verseht das Foto mit eurem Namen!

## 89 Personen beschreiben

Schau dir noch einmal die Anzeige der Casting-Agentur auf der vorherigen Seite an. Betrachte nun die Mädchen. Alle vier haben sich beworben, aber nur zwei haben es geschafft.

Welches Mädchen bekommt die Hauptrolle?

______________________

Welches Mädchen bekommt die Nebenrolle?

______________________

**Promi-Steckbrief**
Schreib doch mal einen Steckbrief für einen Promi! Schneide das Foto deines Lieblingspromis aus der Zeitung aus und klebe es auf ein Blatt. Beschreibe die Person nun ganz genau!

## 90 Vorgänge beschreiben

Einen Vorgang beschreibst du immer im **Präsens**. Wichtig ist, dass du die **Reihenfolge** der einzelnen Schritte einhältst und alle Schritte **genau** beschreibst. Überlege dir auch: was brauchst du an **Geräten, Handwerkszeug, Zutaten** um den Vorgang durchzuführen?

Sven hat einen „Platten". Sein Bruder Max hat ihm genau aufgeschrieben, wie er den Fahrradreifen wieder flicken kann. Leider ist hier einiges durcheinander geraten. Bringe die einzelnen Teile wieder in die richtige Reihenfolge.

◯ Schmirgle nun mit dem Schmirgelpapier das Loch ab. Schmiere die Klebepaste drauf und klebe dann den Flickstreifen darüber. Drücke 1-2 Minuten fest auf die Stelle.

◯ Teste noch einmal im Eimer, ob der Schlauch nun dicht ist.

◯ Wenn der Reifen trocken ist, setze ihn wieder in den Reifenmantel und dann auf die Felge. Pumpe ihn leicht auf und baue dann das Rad wieder ein.

◯ Baue das Rad aus, ziehe den Reifen von der Felge und nimm dann mit dem Reifenabzieher den Schlauch heraus.

◯ Besorge dir zuerst Schmirgelpapier, eine Fahrradpumpe, einen Reifenabzieher, einen Eimer mit Wasser, einen Stift, Klebepaste und Flickstreifen aus dem Fahrradladen.

◯ Pumpe den Schlauch auf und halte ihn in den Wassereimer. Wenn Luftblasen aufsteigen, hast du das Loch gefunden. Markiere es nun mit dem Stift.

## 91 Einen sachlichen Brief schreiben

Bevor du einen Brief schreibst, überlege dir immer, **an wen** du ihn schreibst und **zu welchem Zweck**. Gute Bekannte sprichst du mit **du** an. Bei Menschen, die du nicht so gut kennst, verwendest du die höfliche Anrede **Sie**. Wenn du einen sachlichen Brief (Leserbrief, Beschwerde, Antrag) schreibst, verwendest du immer die höfliche Anrede.

Die Klasse 4c geht auf Klassenfahrt. Ein Kuchenverkauf in der großen Pause soll noch ein wenig Geld für ihre Klassenkasse bringen. Vervollständige den Brief an den Schuldirektor Herrn Pahl, in dem sie ihr Anliegen vortragen.

Sie | Ihre | geehrter | Sie

Klasse 4c
Goldwegschule
Langwiesenweg 3
70772 Mosberg

Mosberg, den 24.6.2010

Sehr (1) ____________ Herr Pahl,

wie (2) ____________ sicherlich wissen, unternehmen wir in einigen Wochen unsere Klassenfahrt an den Bodensee. Gerne möchten wir dafür unsere Klassenkasse noch ein wenig aufstocken. Zu diesem Zweck möchten wir am Montag, den 19. Juli 2010, während der großen Pause selbstgebackene Kuchen und Muffins verkaufen. Wir würden uns sehr über (3) ____________ Unterstützung freuen und erwarten (4) ____________ natürlich gerne an unserem Stand.

## 92 In Brief und E-Mail Erlebnisse erzählen

Briefe sind informierende Texte. Du kannst hier ganz sachlich etwas berichten, aber du kannst natürlich auch Geschehnisse erzählen. Im Gegensatz zu einer Erzählung sprichst du hier allerdings einen ganz bestimmten Leser an.

Damit dein Brief oder deine E-Mail den Leser auch wirklich interessiert, musst du einige Punkte beachten.

**Worauf kommt es an? Umkreise die richtigen Wörter.**

1. Um den Leser zu fesseln schreibe ich möglichst **langweilig** / **spannend** / **sachlich** / **abwechslungsreich**.
2. Ich schildere meine **Gefühle** / **Einfallslosigkeit** / **Gedanken**.
3. Wenn ich Einzelheiten beschreibe, dann tue ich das möglichst **ungenau** / **eindeutig**.
4. Es ist wichtig, dass ich die Geschehnisse **kunterbunt** / **der Reihe nach** erzähle
5. Wie in einer Erzählung achte ich darauf, dass mein Text einen **Höhepunkt** / **Tiefpunkt** hat.

**Nasenstift**
Und nun, Konzentration! Stell dir vor, deine Nase ist ein Bleistift. Schreibe deinen Namen mit dem Nasenstift in die Luft. Merkst du, wie Hals und Schultern locker werden? Prima, weiter geht's mit den Übungen!

## 93 Abwechslungsreiche Satzanfänge verwenden

Anita möchte einen Brief aus dem Sommerferienlager schreiben.

Sicher kannst du Anita helfen. Versuche die Sätze länger und interessanter werden zu lassen und schreibe sie auf.

Wie gingen auf die Wiese. Gegen Mittag beschlossen wir, auf die schöne Wiese mit den Apfelbäumen zu gehen, um dort ein Picknick zu veranstalten.

Wir setzen uns auf die Wiese. ______

Wir packten unseren Picknickkorb aus. ______

Wir sahen einen Bullen. ______

Wir rannten bis zum Zaun. ______

Wir waren gerettet. ______

## 94 Eine spannende E-Mail

In einer E-Mail fehlt im Gegensatz zum Brief der Ort. Dafür gibt es jedoch eine Betreffzeile, die du immer ausfüllen solltest, damit der Empfänger weiß, worum es geht. Nachdem du die E-Mail abgeschickt hast, erscheint automatisch Deine Absenderadresse und das Datum.

Auch E-Mails dürfen abwechslungsreich sein! Lies die Betreffzeile der E-Mail – was möchte Bianka Marissa wohl berichten? Lass deiner Fantasie freien Lauf und schreibe anstelle von Bianka eine E-Mail an Marissa.

| | |
|---|---|
| Von: | bianka_tellhoff@mail.de |
| An: | marissa.happ@mail.de |
| Betreff: | Tropfsteinhöhle, soooo unheimlich! |

Hallo Marissa

________________________________________

________________________________________

________________________________________

________________________________________

________________________________________

________________________________________

________________________________________

## 95 Ein Bericht hat drei Teile

In einem Bericht stellst du einen Vorfall sachlich dar. Ein Bericht wird in **drei Teile** gegliedert: **Einleitung, Hauptteil und Schluss**.

Markiere in dem folgenden Bericht die Einleitung blau, den Hauptteil rot und den Schluss grün.

**Unfall auf der B101**
Am Sonntag, den 23. September, gegen 19 Uhr kam es auf der B101 in Höhe der Ausfahrt Aue zu einem Unfall.
Der 40-jährige Fahrer eines PKWs bremste plötzlich ab, als ihm ein reiterloses Pferd aus dem angrenzenden Wald direkt vor das Auto lief. Der nachfolgende 27-jährige LKW-Fahrer konnte nicht mehr rechtzeitig bremsen und fuhr auf den PKW auf. Durch den heftigen Aufprall zog sich der PKW-Fahrer Prellungen und ein Schleudertrauma zu. Der Mann wurde ins Krankenhaus gebracht. Der LKW-Fahrer blieb unverletzt. An beiden Fahrzeugen entstand ein hoher Sachschaden.

**Augen zu – was hörst du?**
Für diese Übung solltest dir jemand die Zeit ansagen. Du kannst dir aber auch eine Eieruhr stellen. Schließe deine Augen für zwei Minuten. Was kannst du alles hören, wenn du nichts mehr siehst?

## 96 Die Einleitung eines Berichts

In der Einleitung des Berichts wird geschildert **WAS, WANN, WO** geschah.

Lies dir den Bericht auf der vorherigen Seite noch einmal durch und beantworte die Fragen.

**WAS** geschah?

______________________________

**WANN** geschah es?

______________________________

**WO** geschah es?

______________________________

**Schlafende Acht**

Stelle dich mitten in den Raum und denke an eine große, dicke Acht. Sie hat sich hingelegt und schnarcht gemütlich vor sich hin. Strecke nun beide Arme aus und ‚male' mit beiden Armen die Form der liegenden Acht nach. So groß es geht. Werde dann mit deinen Bewegungen immer kleiner, bis nur noch deine Zeigefinger die Acht malen. Lass die Bewegungen dann wieder richtig groß werden, strecke dich und schüttle am Schluss die Arme aus. So, jetzt bist du wieder richtig locker!

## 97 Der Hauptteil eines Berichts

Während in der Einleitung nur kurz die ersten **drei W-Fragen (WAS, WANN, WO)** beantwortet werden, geht der Hauptteil genauer auf die Ereignisse ein. Hier werden die zwei W-Fragen **WER** und **WIE** beantwortet. Im Hauptteil darfst du ausführlich berichten, was **genau** passiert ist. Wichtig ist, dass die Ereignisse hier in der **richtigen Reihenfolge** stehen!

Beantworte nun auch die folgenden Fragen zum Text auf S. 298.

**WER** war beteiligt?

______________________________________________

**WIE** ist der Unfall abgelaufen?

______________________________________________

## 98 Der Schluss eines Berichts

Im Schlussteil des Berichtes beantwortest du die Frage **WELCHE FOLGEN** hatte das Geschehen?

Schau dir den Unfallbericht auf S. 298 noch einmal an. Du kannst auch diese Frage sicher beantworten.

**WELCHE FOLGEN** hatte das Geschehen?

______________________________________________

## 99 Die Sprache eines Berichts

In einem Bericht musst du darauf achten, immer vollständig, aber kurz zu berichten. **Nicht** in einen Bericht gehören: **eigene Meinungen** und **Gedanken**, **Gefühle**, **überflüssige Ausschmückungen**, **Details** und **Mutmaßungen**.

Lies den folgenden Unfallbericht durch. Streiche alles, was hier nicht hineingehört.

Am Montag, den 8. Februar, stießen im Gerberweg in Trier zwei wahrscheinlich völlig übermüdete 12-jährige Schüler mit ihren Fahrrädern zusammen. Kein Wunder, wenn die Schule um 7 Uhr 45 anfängt, da kann man ja nicht wach sein. Ich finde ja, dass man zwei Stunden später anfangen könnte. Beide Schüler fuhren ohne Licht. Selbst Schuld, kann man da nur sagen. Beide Jungen wurden von ihren Fahrrädern geschleudert und landeten in einem hässlichen, vertrockneten Distelbusch. Das muss wehgetan haben. Der eine schrie wie am Spieß, der andere heulte. Was ziemlich jämmerlich war, es gab keinen Grund sich so anzustellen. Beide Schüler zogen sich einige Prellungen zu und wurden zur Sicherheit ins Krankenhaus gebracht. Die Fahrräder wurden nur leicht beschädigt. Noch mal Glück gehabt!

# 100 Die richtige Zeitform eines Berichts

Einen Bericht schreibst du immer im **Präteritum**!

Hobby-Hellseher Ichsehnix sitzt zur Entspannung vor seiner Kristallkugel … obwohl er eigentlich nicht damit rechnet, sieht er, was am nächsten Morgen passieren wird. Schreibe aus seiner Vorhersehung einen Bericht in der richtigen Zeitform.

Am Freitag, den 13. Juli, gegen 10 Uhr werden in Buxtehude zwei alte Damen vor dem Supermarkt zusammenstoßen. Sie werden sich beide nicht sehen, da die eine mit ihrem Handy telefonieren wird und die andere sich umdrehen wird, um einer Nachbarin etwas hinterherzurufen. Beide Damen werden heftig aufeinanderprallen und sich ein paar blaue Flecken zuziehen. Dabei wird eine Dame ihre Einkäufe fallen lassen und die andere ihr Handy. Es wird kein Sachschaden entstehen.

**Zeitungsdetektiv**
Berichte findest du oft in der Zeitung. Schnapp dir mal eure Tageszeitung und mach dich auf die Suche nach einem Unfallbericht. Als Profi weißt du ja nun, wie ein Bericht aussehen muss. Du kannst gleich prüfen, ob der Journalist alles richtig gemacht hat!

# Lösungen

1 **Tiere**: Fisch, Schmetterling; **Pflanzen**: Erdbeere, Sonnenblume; **Dinge**: Buch, Brille

2 1. Kuh, 2. Brot, 3. Taube, 4. Teller

3 1. reiten, 2. trinken, 3. essen, 4. schlafen

4 schwimmen

5 1. schlafen, 2. trinken, 3. schwimmen

6

| | | | | | | | | | | | | | | |
|---|---|---|---|---|---|---|---|---|---|---|---|---|---|---|
| L | U | S | T | A | L | P | E | C | H | W | I | R | S | U |
| D | G | Z | N | M | P | W | X | Z | M | I | F | S | A | T |
| S | Z | W | U | T | B | N | M | K | L | P | R | B | N | H |
| M | G | H | I | E | A | U | O | V | E | I | E | W | G | E |
| N | D | T | O | G | L | Ü | C | K | P | M | U | X | S | G |
| E | C | P | L | O | K | S | Z | W | C | B | D | I | T | E |
| X | S | C | H | M | E | R | Z | W | X | M | E | X | L | Z |
| W | R | C | K | U | M | M | E | R | I | L | E | Y | X | B |

7 2. ein Ufo, viele Ufos; 3. ein Schiff, viele Schiffe, 4. ein Tor, viele Tore

8 Land – Länder, Abend – Abende, Wind – Winde, Korb – Körbe, Grab – Gräber, klug – klüger, Bild – Bilder, König – Könige

9 **Nomen**: Flugzeug, Berg, Meer, Sonnenschirm, Strand; **Verben**: reisen, freuen, segeln, sonnen, abfliegen; **Adjektive**: lustig, tief, kurz, heiß

10 **Verb:** **v**oltigieren, d**e**hnen, sp**r**ingen, **b**alancieren; **Adjektiv:** **a**nstrengend, gesun**d**, **j**ugendlich, g**e**lenkig, a**k**robatisch, **t**oll, bewegl**i**ch, akti**v**; **Nomen:** Schwebebalke**n**, R**o**lle, Tra**m**polin, R**e**ifen, Rhö**n**rad
Großgeschrieben werden nur die Nomen.

11 **lachen:** ich lache, du lachst, er/sie/es lacht, wir lachen, ihr lacht, sie/Sie lachen; **spielen:** ich spiele, du spielst, er/sie/es spielt, wir spielen, ihr spielt, sie/Sie spielen

12 **Stolperwörter**: 1. warm, 2. gelb, 3. lecker, 4. Schule, 5. essen, 6. Telefone, 7. ein, 8. sauer, 9. Luft, 10. Baum

13 **Stolperwörter (der Reihe nach)**: Tanne, auf, tanzen, Vogelhaus, und, älter, trinkt, vergessen, grün, zwischen, Tante, Urne, schwebten, unter, wie

14 1. kw, 2. Q/q, 3. Na, hast du das Wort gefunden? Hier musst du selbst nachschauen – in jedem Wörterbuch sind die Seitenzahlen unterschiedlich, 4. Qualle

15 2. Futter + Eimer, 3. Stroh + Ballen

16 2. war – sein, 3. riss – reißen, 4. ließen – lassen, 5. erwachte – erwachen

17 Autowaschanlage, Schokoladenkuchen, Regenbogen, Ameisenhaufen, Reifenpanne

18 **Möbel**: Sofa, Schrank, Tisch; **Kleidung**: Latzhose, Schal, Rollschuhe, Jacke, Mütze; **Lebensmittel**: Butterbrot, Marmelade, Rollmops, Quark: **Fahrzeuge**: Fahrrad, Eisenbahn, Lastwagen

19 So lauten die Gegensätze: 1. klein, 2. dünn, 3. kurz, 4. schmal, 5. eng, 6. dunkel, 7. weich, 8. nass, 9. jung, 10. traurig

20 knallgelb, stockdunkel, wunderschön, hellwach, eiskalt

21 **groß**: riesig, gigantisch, mächtig, enorm; **lustig**: ulkig, munter, vergnügt, fröhlich; **dunkel**: dämmrig, finster, düster, unbeleuchtet; **leise**: geräuschlos, lautlos, still, ruhig

22 1. schlendern, 2. gehen, 3. sich sputen, 4. rennen, 5. schleichen

23 **Überschrift**: Sie macht neugierig, verrät aber nicht zu viel. **Einleitung**: Die Geschichte beginnt. Man erfährt das Wichtigste: Wer? Wo? Wann? **Hauptteil**: Dies ist der längste Teil der Geschichte, weil alles ausführlich beschrieben wird. Hier wird es oft spannend. Deshalb ist auch der Höhepunkt der Geschichte hier zu finden. **Schluss**: Hier endet die Geschichte. In wenigen Sätzen wird erzählt, wie die Geschichte ausgeht.

24 **Einleitung**: von „Mareike hatte zu Ihrem Namenstag . . . “ bis „ . . . Nach dem Mittagessen wollten Mareike und Anna losfahren.“ **Hauptteil:** von „Anna holte Mareike pünktlich ab . . . “ bis: „ . . . Kommt mit ihr beiden“, rief Ludwig . . . “

25 So könnte dein Schluss aussehen: Als die Straßenbahn endlich in die Haltestelle einrollte, wartete dort auch schon die Traumtheaterkutsche, vor die zwei lilafarbene Einhörner gespannt waren. Die drei sprangen aus der Bahn in die Kutsche. Ludwig nahm vorne auf dem Kutschbock Platz und die beiden Mädchen durften im bequemen Kutschsessel sitzen. Gerade noch pünktlich erreichten sie das Theater. Kurz bevor sich der Vorhang hob, stand Ludwig auf der Bühne und Mareike und Anna saßen auf ihren Plätzen.

26 Deine Überschrift könnte zum Beispiel lauten: Traumfahrt ins Theater.

27 1. 20 Uhr, 2. Bett, 3. Tag, 4. Zürich

28 So könnte dein Hauptteil aussehen: Tim liegt schon im Bett und ist gerade am Einschlummern, da hört er ein komisches Geräusch. Ganz langsam, mit einem Knarren, öffnet sich seine Zimmertüre. Tim wagt es kaum zu atmen. Sein Herz klopft bis zum Hals. Und da! Ein gruseliges Gespenst steht direkt vor seinem Bett. Tim kriecht vor lauter Angst immer tiefer unter seine Decke. Wird ihm das Gespenst etwas tun?

**29** So könnte dein Schluss aussehen: Aber da lässt das Gespenst seinen weißen Umhang fallen. Tim ist erleichtert. Es ist Dörte, die ihn ein bisschen erschrecken wollte. Nun schläft er erleichtert ein.

**30** 1. wo, 2. wann, 3 wer, 4. Hauptteil, 5. denken und fühlen, 6. spannendste, 7. wie meine Geschichte ausgeht.

**31** Die Überraschung war wirklich gelungen. Die beiden gönnten sich auf dem Rückweg noch eine Riesenportion Eis und lachten über die rätselhafte Postkarte.

Sommerferien! Jan konnte endlich einmal lange ausschlafen und dann begann der Morgen mit einem langen Frühstück.

In Jans Detektivbüro, das sich in einer Ecke seines Zimmers befand, gab es nichts zu tun. Es versprach ein ruhiger und gemütlicher Tag zu werden. Doch am Mittag brachte der Briefträger die Post und es wurde alles ganz anders. Auf einer rätselhaften Postkarte wurde Jan aufgefordert, gegen 17 Uhr in den Park zu
kommen. Den ganzen Nachmittag überlegte er hin und her, ob er der Aufforderung folgen sollte. Schließlich machte er sich dann doch voller Neugier auf den Weg. Am vorgegebenen Treffpunkt stand auf einmal sein Vater und grinste ihn an.

**32** Eine schöne Überschrift ist zum Beispiel die Überschrift Nummer 4. Sie deutet an, dass es um eine rätselhafte Sache geht – das macht schon mal neugierig – gleichzeitig verrät sie aber nicht zu viel.

**33** **WER?** Leonie, **WAS?** –, **WIE?** –, **WANN?** Mittags, **WO?** Am Strand, **WARUM?** –

**34** So könnte deine Einleitung aussehen: Heute hatte ich mein erstes Vorspiel in der Musikschule.

35 **Hauptteil**: von „Sein Versuch, auf den er sich schon seit Monaten vorbereitete, …“ bis „Filrumramfilwiedefam!“

36 **spannende Sätze**: Ging es da entlang? Oder dort hinten? Auf einmal sah alles gleich aus – sie hatten sich verlaufen! In der Dämmerung wurden die Bäume zu bedrohlichen Riesen mit langen Armen und alle Geräusche klangen unheimlich und fremd. In diesem Moment hörten sie ein Rascheln, aber es war nichts zu sehen. Da! Wieder ein Rascheln und nun auch noch ein unheimliches Jaulen. Den beiden lief es eiskalt den Rücken hinunter. Sicher ein wildes Tier! Was sollten sie nur tun? Plötzlich tauchte ein großer schwarzer Hund aus dem Gebüsch auf.

37 1. stöhnte, 2. zugerast, 3. bedrohlichen, 4. schrie, 5.verzweifelt, 6. widerlichen, 7. entmutigt, 8. Doch da!, 9. rasant, 10. in die Flucht geschlagen.

38 **schnell** gehen, rennen, eilen, flüchten, wandern, joggen, rasen; **langsam** gehen, schleichen, trödeln, spazieren, schreiten, bummeln; **leise** gehen, schleichen; **laut** gehen, marschieren, trampeln, stapfen; **vorsichtig** gehen, humpeln, stolpern, torkeln

39 Diese Verben könntest du an diesen Stellen anstelle von „gehen“ einsetzen, du kannst aber natürlich auch ab und zu „gehen“ verwenden, wenn es kein passenderes Wort gibt.

1. sprang, 2. lief, 3. rannte, 4. stürmte, 5. schlich, 6. ging, 7. lief, 8. schlenderten, 9. ging, 10. ging

40 2A, 3C, 4D, 5E

41 1, hier wird die Geschichte zu Ende gebracht. Bei Nummer 2, geht die Geschichte einfach weiter, was im Schlussteil nicht passieren darf.

42 **Wörter für die Burg:** Burg, Ritter, Burgherr, Burgfräulein, Bauer, Turm, Graf, Lanze, Kampf, Burgfried, Zugbrücke, Rüstung, Wehrgang, Wassergraben,

Schwert, Verlies, befreien, Pferd, kämpfen, Knappe, verteidigen
**Lösungswörter:** Kampf, Burg, Ritter, Graf, Turm, Bauer

43 Na, hast du alle Wörter eingebaut? Gut! Hast du auch darauf geachtet, dass deine Geschichte den richtigen Aufbau hat? Prima! Nun kannst du deine Geschichte deinem Publikum vorlesen.

44 1. Hühner können nicht sprechen, 2. Hühner können nicht tauchen, 3. Hühner essen kein Zitroneneis.

45 Lieber Herr Lehrer,

ich bin zu spät gekommen, weil ich heute Morgen am anderen Ende der Welt gelandet bin. Der Fahrradtunnel, durch den ich normalerweise fahre, war gesperrt. Eigentlich hätte ich einen Riesenumweg fahren müssen, aber da tauchte aus einem Kanalschacht neben mir ein altes Krokodil auf. Es sagte mir, dass es eine Abkürzung unter dem Tunnel kenne und ich ihm einfach folgen solle. Ich stieg dem Krokodil hinterher und klappte den Kanaldeckel hinter mir zu. Wir liefen einen feuchten, modrigen Gang entlang und drangen immer tiefer in die Dunkelheit ein. Der Weg ging immer steiler bergab und es wurde immer heißer. Ich fragte mich schon, ob wir wirklich auf dem richtigen Weg waren. Das Krokodil meinte aber, ich solle mir keine Sorgen machen, es kenne die Kanalisation, wie seine Westentasche – und tatsächlich, in der Ferne sah ich schwaches Tageslicht. Das Krokodil meinte schließlich, wir seinen da und klappte einen Kanaldeckel auf. Sengende Hitze schlug mir entgegen. Das war komisch, denn unser Thermometer hatte heute morgen 5 Grad angezeigt. Ich steckte den Kopf ins Freie und sah den berühmten Tafelberg in Kapstadt. Wir waren in Afrika gelandet! Dem Krokodil war die ganze Sache furchtbar peinlich. Wir mussten die ganze Strecke wieder zurücklaufen, aber zum Glück erwischten wir diesmal die richtige Abzweigung. Deshalb bin ich heute morgen zu spät gekommen.

46 Das kann ich selbst erlebt haben: 1, 3
Hast du auf alle wichtigen Punkte geachtet, die für einen Erlebnisbericht wichtig sind? Wenn du dir nicht sicher bist, schau dir noch einmal die Leitfäden für den Erlebnisbericht vorne im Buch an.

47 1. Spaß, 2. Ärger, 3. gefreut → Freude

48 Bei 2. und 4. kann man schon mal Angst bekommen. Ein Bastelnachmittag und ein Schokoladenpudding sind hingegen etwas Schönes.

49 1. Überschrift, neugierig, verrät; 2. Einleitung, Personen, Ort, Zeit; 3. Hauptteil, längste, Höhepunkt; 4. Schluss

50 Einleitung, 2. Hauptteil, 3. Höhepunkt, 4. Schluss

51 (7) „Uaaahh! Nichts wie weg" schrieen wir beide und nahmen die Beine in die Hand. Wir rannten und rannten – das Wildschwein hinterher.

(4) Die Stimmen der anderen wurden immer leiser, bis sie schließlich kaum zu hören waren.

(2) „Schau mal, das Maisfeld nebenan", meinte er. „Komm, wir gehen da rein, überholen die anderen und tauchen vor ihnen am anderen Ende auf. Was meinst du, wie die staunen."

(8) Da hörten wir auf einmal einen lauten Knall. Tim, unser Klassenclown, hatte eine Papiertüte knallen lassen – mit dem Erfolg, dass nun das Wildschein einen Riesenschreck bekam und Reißaus nahm.

(5) Stattdessen hörten wir auf einmal etwas ganz anderes: ein lautes Grunzen, das ganz und gar nicht freundlich klang – und immer näher kam. Was war das? Uns wurde Angst und Bange.

(1) Unsere Klasse lief nun schon seit einer halben Stunde einen langweiligen Feldweg entlang, da hatte Paul eine Idee.

(6) Plötzlich standen wir Auge in Auge mit einem wütenden Wildschwein, das geradewegs auf uns zusteuerte.

(3) Ich fand die Idee prima. Wir seilten uns ab und waren bald ganz im Dickicht der Maispflanzen verschwunden.

**52** Diese Wörter müssen gestrichen werden:
**Verben**: weinen, zittern, ärgern; **Adjektive**: eiskalt, dunkel, ernst
**Nomen**: Salat, Krankenhaus, Lineal

1. Ich freute mich wie ein Schneekönig.
2. Sie waren außer sich vor Freude

**53**
1. „Was ist denn passiert?“
2. „Zwei Jungs haben meine Sportschuhe gestohlen.“
3. „Wir müssen die beiden sofort verfolgen.“

**54**
1. Ich fragte: „Fahren wir jetzt los?“
2. „Stopp!“, schrie Paul, „da kommt ein Auto.“
3. „Auf die Plätze, fertig, los“, rief der Trainer.

**55** 1. unerträglich, 2. gelangweilt 3. ungeduldig, 4. ärgerlich, 5. Langsam, 6. schmerzerfüllt, 7. merkwürdig, 8. enttäuscht

**56** Diese Sätze passen nicht, denn sie erzählen eine andere Geschichte:
Die ganze Verwandtschaft und Freunde waren gekommen. Wir machten viele Spiele und hatten einen Riesenspaß. Noch lustiger wurde es später, als meine Schwester in ihre eigene Geburtstagstorte fiel. Die war vielleicht sauer! Wir anderen lachten allerdings, bis wir nicht mehr konnten.

**57** in der Reihenfolge: war, kannte, ging, hatte, betrat, schaute, saß, anlächelte, aussah, stand, bot, hielt, sollte, konnte, gab, wurde, fragte, blickten, wusste, war, wurde, sang, war, handelte, lief, erzählte

**58** Du hast sicher schon gemerkt: fast jeder Satz beginnt mit „und dann“ oder „dann“. Hier siehst du, wie du diese beiden Wörter ersetzen kannst:

… **Endlich** durfte ich mit Mia und unserem Sportlehrer Herrn Bröck zu Pfad 5, der als „mittelschwer“ gekennzeichnet war. **Zuerst** stieg Herr Bröck zur Plattform hinauf, **anschließend** folgte Mia und zum Schluss erklomm ich die Leiter. **Nun** sicherte sich Mia mit dem Karabiner und machte vorsichtig den ersten Schritt auf das gespannte Drahtseil. **Plötzlich** verlor sie das Gleichgewicht und fing an zu schwanken. **Schließlich** konnte sie das Gleichgewicht nicht mehr halten. **Doch** ließ sie sich mutig in das Sicherungsseil fallen. **Sofort** rief Herr Bröck einen der Angestellten. **Schnell** wurde Mia abgeseilt.

**59** 1B, 2D, 3E, 4C, 5F, 6A

**60** Die korrekte Reihenfolge lautet:

**61** Die durchgestrichenen Teile gehören nicht in die Nacherzählung. Die fett markierten Teile zeigen dir, wie sich die Nacherzählung besser anhört.

Ein Esel **warf** eine ~~struppige, alte~~ Löwenhaut um sich ~~Lange betrachtete er sein Spiegelbild im See~~ und lustwandelte mit stolzen Schritten im Wald umher. ~~Außerdem dachte er, er hätte eine schöne und laute Stimme.~~) Der Esel schrie aus Leibeskräften „i-ahh, i-ahh“, um die anderen Tiere in Schrecken zu versetzen. Alle hatten große Angst, nur der listige Fuchs nicht. Der Fuchs ~~kam aus seinem Bau, wo er gerade geschlafen hatte,~~ trat vor den Esel und verspottete ihn. Er **sagte**: „Mein Lieber, auch ich würde vor dir erschrecken, wenn ich dich nicht an deinem ‚i-ahh‘ erkannt hätte. Ein Esel bist und bleibst du!“ ~~Somit war der listige Fuchs, der Einzige, der die Verkleidung des Esels durchschaut hatte.~~

62 Diese vier Gegenstände solltest du einbauen: Bagger, Ufo, Schlagzeug, Dinosaurier. Hast du auf alle wichtigen Punkte geachtet? Wenn du dir in machen Punkten nicht sicher bist, schau die Regelkästen noch einmal an. Du hast bestimmt eine tolle Geschichte geschrieben. Lies sie deinen Freunden, Eltern oder Geschwistern vor.

63 **Siebenmeter**

„Was für ein Fiesling!“ Der Gegner hatte **mich** mit der Hand ins Gesicht getroffen. Sofort entschied der Schiedsrichter auf Siebenmeter gegen den Feigling. **Ich** nahm den Ball und konzentrierte **mich** auf den Torwart. **Ich** stellte ihn **mir** als Winzling vor und versenkte den Ball sicher im Tor.

64 Das steht auf Majas Schmierzettel:
Anruf Hannes, Dominik und Lisa, 14 Uhr, Jugendhaus, etwas Geld, Minigolf spielen

65 Diese W-Fragen hat Maja beachtet: **Wer** (hat angerufen)? Hannes; **Was** (ist passiert)? Hannes hat angerufen, **Wo** (treffen sich alle)? Beim Jugendhaus.

Diese W-Fragen hat Maja vergessen: **Wann** (treffen sich alle)? Um 14 Uhr, **Wozu** (treffen sich alle)? Sie wollen zum Minigolfspielen.

Und so sieht der Text schon besser aus:

Hallo **Anni**
Hannes hat angerufen. Du sollst **um 14 Uhr** zur Eisdiele Venezia kommen. Ihr trefft euch dort mit Dominik und Lea. Du sollst auch etwas Geld mitbringen, **weil ihr Minigolfspielen gehen wollt.**
Grüße Maja

66 1. Absender, 2. Anrede, 3. Text, 4. Anschrift, 5. Schlussformel

67 **Gegenstand 1:** Kessel, **Gegenstand 2:** Zauberbuch,
**Gegenstand 3:** Zauberstab

68 1. Bär, 2. Krokodil, 3. Känguru

69 A: 1. Metall, 2. Plastik, 3. gelb, 4. schwarz, 5. silbern, 6.Essen, 7. Zinken, 8. aufspießen, 9. zum Mund führen
B: 1. Metall, 2. Plastik, 3. gelb, 4. schwarz, 5. silbern, 6.Essen, 7. Schneide, 8. schneiden, 9. auf die Gabel schieben

70 **WER?** Klasse 4b, Herr Marks, Frau Luppert
**WANN?** Treffpunkt: Freitag, 6 Uhr, Abfahrt: 6 Uhr 27
**WIE LANGE?** bis Sonntag, 19 Uhr
**WO?** Jugendherberge auf Borkum
**WAS?** Ausflug an die Nordsee
**WOZU?** Wattwanderung, Leuchtturmbesteigung

71 Diese Dinge **fehlen** auf Julias Notizzettel: 4 kleine Holzbeine, Box mit Nägeln, Hammer. Das hat sie **falsch** notiert: 4 Bretter (es müssen **5** Bretter sein), 2 Holzleisten (es müssen **4** Holzleisten sein), grüne Farbe (es muss **gelbe** Farbe sein).

72 Im Steckbrief ist das Mädchen beschrieben.

73 Diese Wörter musst du streichen:
**Haare**: laut, **Augen**: orange, **Gesichtsform**: dreieckig

74 1. Fledermaus, 2. Schwein. Na, wie hast du das komische Tier genannt? Wie wäre es mit „Flederschwein"?

75 1. blau-weiß, 2. Leder, 3. Steifen, 4. Nieten

76 **Form**: eng, lang, weit, **Farbe**: knallgelb, dunkelrot, schwarz, **Material**: Wolle, Leder, Leinen, **Muster**: einfarbig, gestreift, kariert, mit Pünktchen, **Auffällige Merkmale**: Aufnäher am Ärmel, Fleck am Kragen, kleines Loch

77 1. in Richtung, 2. abbiegen, 3. geradeaus, 4. vorbei, 5. Gegenüber

78 So lautet die richtige Reihenfolge:
1. Backofen 10 Minuten auf 180 Grad vorheizen. 2. Wenn der Backofen vorgeheizt ist, Auflaufform aus dem Kühlschrank nehmen. 3. Alufolie von der Auflaufform nehmen. 4. Den Nudelauflauf mit Käse (ganz oben im Kühlschrank) bestreuen. 5. Nudelauflauf in den Backofen stellen. 6. Für 15 Minuten im Backofen lassen. 7. Auflaufform mit einem Handschuh aus dem Ofen nehmen und abkühlen lassen. 8. Backofen ausschalten!!!

79 1. Eier, 2. Milch, 3. einweichen, 4. Inzwischen, 5. zerlassen, 6. Brotscheiben, 7. goldbraun, 8. Seiten, 9. Zimt, 10. servieren

80 Das gehört in einen Hamburger: Hackfleischstück, Tomatenscheiben, Gurkenscheiben, Zwiebeln, Salat, eine Scheibe Käse

81 1. Falte, 2. unten, 4. Streifen, 5. Hut, 6. Daumen, 8. Öffne, 9. Ziehe, 10. Schiff

82 1. Absender, 2. Ort und Datum, 3. Anredeformel, 4. Text, 5. Abschiedsformel, 6. Name

83 1. Absender, 2. Ort und Datum, 3. Abschiedsformel

84 **Das gibt es nur beim Brief**: Postadresse des Absenders, Ort und Datum
**Das gibt es beim Brief und bei der E-Mail**: Anredeformel, Text, Abschiedsformel, Name
**Das gibt es nur bei der E-Mail**: E-Mail-Adresse des Empfängers und des Absenders, Betreff

85 **von links nach rechts**: Farbe, Größe, Form, Material, besondere Kennzeichen, Verwendungszweck

84 **Farbe:** (1) rot, (2) weiß, (3) schwarz

**Größe:** (1) etwa 90 Zentimeter lang und 40 Zentimeter breit,, (2) etwa 30 Zentimeter breit und 20 Zentimeter hoch, (3) etwa 15 Zentimeter breit und 50 Zentimeter hoch

**Form:** (1) rechteckig, (2) mehr oder weniger rechteckig, (3) zylinderförmig

**Material:** (1) Leder, (2) Plastik, (3) Papier

**Besondere Kennzeichen:** (1) mit bunten Aufklebern versehen, (2) keine, (3) mit durchscheinenden Stellen, gelb und orangefarben, in Form von Monden und Sternen

**Verwendungszweck – das kann ich damit machen:** (1) Meine Kleidung einpacken, um zu verreisen. (2) Einen Teig mixen. (3) Eine Laternenwanderung machen.

87 **Frieda: Haare:** blond, glatt, kurz, **Augen:** blau, **Gesichtsform:** rund, **Kleidung:** rotes T-Shirt mit rundem, orangefarbenem Kragen, orangefarbenen Streifen an den Ärmeln und weißen Nieten

**Emily: Haare:** rot, lockig, mittellang, **Augen:** grün, **Gesichtsform:** eckig, **Kleidung:** lila Bluse mit helllila Punkten und eckigem, helllila Kragen

**Käthe: Haare:** schwarz, glatt, lang, **Augen:** braun, **Gesichtsform:** länglich, oval, **Kleidung:** grünes T-Shirt mit gelben Blumen und V-Ausschnitt

**Lotta: Haare:** braun, lockig, mittellang, **Augen:** grau, **Gesichtsform:** oval, **Kleidung:** blaue Bluse mit rundem, weißem Kragen und weißen Knöpfen

88 Hauptrolle: … sportliches Mädchen. Hast du rote Haare, vorzugsweise mit wilden Locken und ein ausdrucksstarkes, eckiges Gesicht? Dann könntest du unsere „Josy“ sein. Für die Nebenrolle ihrer besten Freundin „Kiki“ suchen wir ein Mädchen mit einem länglichen Gesicht. Du hast lange, glatte, schwarze Haare und braune Augen? Dann bewirb dich jetzt. Alle Bewerberinnen werden gebeten, ein Foto einzusenden.

89 Hauptrolle: Emily, Nebenrolle: Käthe

90 (4) Schmirgle nun mit dem Schmirgelpapier das Loch ab. Schmiere die Klebepaste drauf und klebe dann den Flickstreifen darüber. Drücke 1-2 Minuten fest auf die Stelle.

(5) Teste noch einmal im Eimer, ob der Schlauch nun dicht ist.

(6) Wenn der Reifen trocken ist, setze ihn wieder in den Reifenmantel und dann auf die Felge. Pumpe ihn leicht auf und baue dann das Rad wieder ein.

(2) Baue das Rad aus, ziehe den Reifen von der Felge und nimm dann mit dem Reifenabzieher den Schlauch heraus.

(1) Besorge dir zuerst Schmirgelpapier, eine Fahrradpumpe, einen Reifenabzieher, einen Eimer mit Wasser, einen Stift, Klebepaste und Flickstreifen aus dem Fahrradladen.

(3) Pumpe den Schlauch auf und halte ihn in den Wassereimer. Wenn Luftblasen aufsteigen, hast du das Loch gefunden. Markiere es nun mit dem Stift.

91 1. geehrter, 2. Sie, 3. Ihre, 4. Sie

92 1. spannend, abwechslungsreich; 2. Gefühle, Gedanken; 3. eindeutig; 4. der Reihe nach; 5. Höhepunkt

93 Und so könnte es weitergehen: Im Schatten der Apfelbäume breiteten wir unsere Decken aus und machten es uns gemütlich. Als wir Hunger

bekamen, packten wir die Leckereien aus unserem Picknickkorb aus. Die frische Luft machte hungrig und wir griffen beherzt zu. Wir hatten gerade beschlossen, ein kleines Mittagsschläfchen zu machen, da tauchte ein wilder Bulle auf der Wiese auf. Er schnaubte ärgerlich und steuerte direkt auf uns zu – vorbei war es mit der Ruhe. Schnell packten wir unsere Sachen und rannten quer über die Wiese bis zum Zaun, der Bulle hinter uns her. Flink sprangen wir über den Zaun, sodass uns der Bulle nur noch von der anderen Seite betrachten konnte. In letzter Minute hatten wir uns gerettet!

94 Na, was ist im Baumwipfelpfad alles passiert? Hast du darauf geachtet abwechslungsreich und spannend zu erzählen? Hast du viele unterschiedliche Satzanfänge verwendet, Wortwiederholungen vermieden und viele abwechslungsreiche Adjektive und Verben eingebaut? Dann ist deine E-Mail bestimmt ganz prima geworden!

95 **Unfall auf der B101**

Am Sonntag, den 23. September, gegen 19 Uhr kam es auf der B101 in Höhe der Ausfahrt Aue zu einem Unfall.

Der 40-jährige Fahrer eines PKWs bremste plötzlich ab, als ihm ein reiterloses Pferd aus dem angrenzenden Wald direkt vor das Auto lief. Der nachfolgende 27-jährige LKW-Fahrer konnte nicht mehr rechtzeitig bremsen und fuhr auf den PKW auf. Durch den heftigen Aufprall zog sich der PKW-Fahrer Prellungen und ein Schleudertrauma zu.

Der Mann wurde ins Krankenhaus gebracht. Der LKW-Fahrer blieb unverletzt. An beiden Fahrzeugen entstand ein hoher Sachschaden.

96 **WAS geschah?** Ein Unfall mit einem PKW und einem LKW.
**WANN geschah es?** Am Sonntag, den 23. September, gegen 19 Uhr.
**WO geschah es?** Auf der B101, in Höhe der Ausfahrt Aue.

**97** **WER war beteiligt?** Ein 40-jähriger PKW-Fahrer und ein 27-jähriger LKW-Fahrer.

**WIE ist der Unfall abgelaufen?** Der PKW bremste plötzlich ab, als ihm ein reiterloses Pferd vor das Auto lief. Dadurch konnte der nachfolgende LKW-Fahrer nicht mehr rechtzeitig bremsen und und fuhr auf den PKW auf.

**98** **WELCHE FOLGEN hatte der Unfall?** Der PKW-Fahrer zog sich Prellungen und ein Schleudertrauma zu und musste ins Krankenhaus gebracht werden. Es entstand außerdem hoher Sachschaden an beiden Fahrzeugen.

**99** **Diese Teile gehören nicht in den Bericht:**

- … wahrscheinlich völlig übermüdete …
- Kein Wunder, wenn die Schule um 7 Uhr 45 anfängt, da kann man ja nicht wach sein.
- Ich finde ja, dass man zwei Stunden später anfangen könnte.
- Selbst Schuld, kann man da nur sagen.
- … hässlichen, vertrockneten …
- Das muss wehgetan haben.
- Der eine schrie wie am Spieß, der andere heulte.
- Was ziemlich jämmerlich war, es gab keinen Grund sich so anzustellen.
- Noch mal Glück gehabt!

**100** Am Freitag, den 13. Juli, gegen 10 Uhr stießen in Buxtehude zwei alte Damen vor dem Supermarkt zusammen. Sie sahen sich beide nicht, da die eine mit ihrem Handy telefonierte und die andere sich umdrehte, um einer Nachbarin etwas hinterherzurufen. Beide Damen prallten heftig aufeinander und zogen sich ein paar blaue Flecken zu. Eine Dame ließ dabei ihre Einkäufe fallen und die andere ihr Handy. Es entstand kein Sachschaden.